Lothar Poethe

Klemperer und Leipzig

Victor Klemperer
um 1910

Lothar Poethe

Victor Klemperer und Leipzig (1916–1919)

BoD

2021

Bibliografische Information der Deutschen Nationalbibliothek:
Die Deutsche Nationalbibliothek verzeichnet diese Publikation in
der Deutschen Nationalbibliografie; detaillierte bibliografische
Daten sind im Internet über http://dnb.dnb.de abrufbar.

© 2021 Lothar Poethe
Lektorat: Dr. Hannelore Poethe

Herstellung und Verlag: BoD – Books on Demand, Nor-
derstedt

ISBN: 978-3-7534-2807-9

Inhaltsverzeichnis

Vorwort

Der Romanist Victor Klemperer (1881–1960) dürfte den meisten Lesern durch seine in mehreren Bänden edierten Tagebücher und Lebenserinnerungen bekannt sein: *Ich will Zeugnis ablegen bis zum letzten. Tagebücher 1933–1945* (1995), *Leben sammeln, nicht fragen wozu und warum. Tagebücher 1918–1932* (1996), *Und so ist alles schwankend: Tagebücher Juni bis Dezember 1945* (1996), *So sitze ich denn zwischen allen Stühlen. Tagebücher 1945–1959* (1999) und *Man möchte immer weinen und lachen in einem. Revolutionstagebuch 1919* (2015).[1] „Nach Motiven" der Tagebücher aus den Jahren von 1933 bis 1945 entstand eine 1999 ausgestrahlte, wegen hinzugefügter Episoden und Veränderungen der Charaktere nicht unumstrittene zwölfteilige Fernsehserie („Klemperer – Ein Leben in Deutschland"). 2017 erschienen unter dem Titel *Warum soll man nicht auf bessere Zeiten hoffen* Briefe Klemperers.[2] Die Tagebücher sind faszinierende Zeitschilderungen, ausführliche Verzeichnung des alltäglichen Handelns und nicht beschönigte Darlegung der Handlungsgründe und Motive über einen Zeitraum von rund sechs Jahrzehnten. Sie haben viele Leser im In- und Ausland fasziniert und erreichten hohe Auflagenzahlen. Die Gesamtauflage der gedruckten Ausgabe wurde mit einer halben Million Exemplare angegeben. Sie wurden in 17 Sprachen übersetzt.[3]

Weit über den Kreis der Romanisten hinaus, der ihn in der Tat bis zur Publikation der Tagebücher fast vergessen hatte und erst in den 1990er Jahren den Fachkollegen Klemperer in die Geschichte ihres Fachs einzuordnen und zu würdigen begann,[4] hatte sich Klemperer einen Namen mit seiner immer wieder ebenso persönlich berührenden wie erstaunlichen Dokumentation und scharfsinnigen wie berührenden Analyse der Sprache des Dritten Reichs gemacht: 1947 erschien im (Ost-)Berliner Aufbau-Verlag erstmals sein „Notizbuch eines Philologen" unter dem Titel LTI *(Lingua tertii imperii)*. Klemperer bezeichnet die LTI als ein Erlebnisbuch und eine Fixierung erlebter Sprache in der NS-Diktatur durch einen jüdischen Gelehrten, der in dieser Zeit seiner Arbeits- und Wirkungsmöglichkeiten beraubt war. Der Ende 1946 fertiggestellte Text basierte auf den Tagebucheintragungen und erlebte allein im Reclamverlag Leipzig bzw. Ditzingen bis 2015 bereits 26 (gezählte) Auflagen. Eine nach der Ausgabe letzter Hand und kommentierte Auflage erschien 2018 und 2020. Mit geschätzt 400.000 deutschsprachigen Exemplaren war LTI die erfolgreichste Veröffentlichung Klemperers. Übersetzungen in viele Sprachen, u. a. ins Chinesische, Dänische, Englische, Französische, Isländische, Italienische, Japanische, Kroatische, Lettische, Niederländische, Polnische, Russische, Schwedische, Serbische, Spanische, Tschechische, Türkische, Ungarische, belegen auch im Ausland anhaltendes Interesse an diesem einzigartigen Dokument. Die Warnungen vor einer Verrohung der Sprache und deren Folgen sind aktuell geblieben.

> „Worte können wie winzige Arsendosen sein: Sie werden unbemerkt verschluckt; sie scheinen keine Wirkung zu tun – und nach einiger Zeit ist die Giftwirkung doch da."[5]

Unter biographischem Aspekt ist die Arbeit Klemperers beim Sammeln, Auswählen und Interpretieren seiner Belegtexte ein Dokument der „Selbstrettung in auswegloser Situation", wie Elke Fröhlich in ihrem Kommentar schrieb.[6]

Weniger bekannt, aber ebenso aufschlussreich sind Klemperers Erfahrungen mit dem Sprachgebrauch nach 1945 im geteilten Deutschland, die ihn veranlassten, über eine LQI (Lingua Quarti Imperii), die Sprache des Vierten Reichs, nachzudenken.[7]

Klemperers Schicksal in der Zeit des Nationalsozialismus und darauffolgend in der DDR stand und steht sicher zu Recht im Brennpunkt der Klemperer-Rezeption. Die Zeit bis zum Ende des 1. Weltkriegs ist weit weniger intensiv wahrgenommen worden, obwohl er in seiner Autobiographie *Curriculum vitae* (CV) von seiner Geburt bis November 1918 ausführlich berichtet hatte.[8] Das Manuskript des CV entstand – wie LTI – im Alltag der Judenverfolgung und war für Klemperer eine der wenigen Möglichkeiten geistig anspruchsvoller Betätigung, nachdem Juden der Zugang zu Bibliotheken und Büchern verwehrt worden war. Die entwürdigenden und erschütternden Umstände der Entstehung fanden Niederschlag in den Tagebüchern bis zur Beendigung der Arbeit am Manuskript 1942. Aus ihnen lässt sich erkennen, wie quälend das Festhalten an diesem Vorhaben unter den täglichen Einschränkungen, Hunger und Schikanen war. Die fertigen Kapitel des *Curriculums* – wie die gleichzeitigen Tagebuchaufzeichnungen – mussten vor den Haussuchungen außerhalb versteckt werden. Seine „arische" Frau Eva und die Ärztin Annemarie Köhler in Pirna riskierten Leib und Leben, die Aufzeichnungen zu transportieren bzw. aufzubewahren. Die der Arbeit zugrundeliegenden Tagebücher bis 1918 wurden nach der Fertigstellung des *Curriculums* (leider) vernichtet. Publiziert wurde die Autobiographie erstmals im Jahre 1989. Sie stellt – das sollte stets mit bedacht werden – eine andere Gattung der Selbstzeugnisse dar als die Tagebücher.[9] Klemperer ließ das an zahlreichen Stellen erkennen, wenn er im *Curriculum*-Text ausdrücklich anmerkte, Formulierungen aus dem Tagebuch übernommen zu haben. Die Arbeit am *Curriculum* war Erinnern aus einem zeitlichen Abstand; die Tagebucheintragungen waren zwar die Grundlage, aber sie sind retrospektiv genutzt worden. Freilich ist klar zu erkennen, dass Klemperer sich erfolgreich bemühte, seine Erinnerungen aus der zeitlichen Distanz nicht nachträglich zu korrigieren oder auch für ihn unangenehme, wenig schmeichelhafte Details wegzulassen.

Im zweiten Teil seines *Curriculum vitae* ging Klemperer auf den (unfreiwilligen) Aufenthalt als Soldat in Leipzig ein und widmete dieser Zeit das dritte Kapitel unter dem Titel „Buchprüfungsamt Leipzig".[10] Außerdem enthält der Entwurf für das abschließende Kapitel „Privatdozent während der Revolution" des *Curriculum*s aufschlussreiche Details ebenso wie die Tagebücher 1918 bis 1924 für die Zeit Ende 1918 bis zur Übersiedlung von Leipzig nach München.[11]

Victor Klemperer verbrachte den größten Teil seines Militärdienstes – vom 15. Juli 1915 bis zum 31. Januar 1919[12] – in Leipzig. Hier traf er am 7. August 1916 aus Wilna abkommandiert ein. Bei seiner Demobilisierung Ende Januar 1919 lautete seine Anschrift „Leipzig. Reichelstr. 16". Die in Leipzig verbrachte Zeit fasste er an mehreren Stellen rückblickend sehr positiv zusammen.

> „... mir habe Leipzig gefallen, zuerst weil ich dort wieder ein Zuhause und zusagende Arbeit fand, später wegen meiner friedlichen Theaterkampagne mitten im Kriege, zuletzt wegen des Verkehrs mit einer Reihe markanter Menschen, ... „Leipzig selber hat mich immer wieder erwärmt und mir je länger, je mehr imponiert."[13]

Was ihm an der mit seiner Frau gemeinsam in Leipzig verbrachten Zeit im Einzelnen memorabel erschien, dem soll im Folgenden nachgegangen werden.[14] Dabei beruhen weite Strecken der Darstellung auf den mit reichen Details ausgestatteten Tagebucheintragungen. Mehrfach zitierte er diese auch.

Hinzugezogen wurden andere inzwischen veröffentlichte „Ego-Dokumente" Victor Klemperers wie die Tagebücher und Briefe. Soweit es möglich war, wurden diese überprüft und aus anderen Quellen ergänzt bzw. korrigiert. Dabei muss man stets bedenken, dass Klemperer allein auf seine Aufzeichnungen (und auf Evas und sein Gedächtnis) angewiesen und es ihm unmöglich war, einzelne Angaben – etwa Vornamen oder Schreibweisen erwähnter Personen – in Nachschlagewerken oder anderen Quellen auf ihre Richtigkeit zu überprüfen.[15]

Für die vorliegende Darstellung lieferten die Eintragungen in den Kriegsstammrollen des Königreichs Bayern von 1915 bis 1919 und Dokumente des Hausarchivs der Deutschen Bücherei, heute Deutsche Nationalbibliothek, wichtige Ergänzungen. Für das Verständnis der Abkommandierung Klemperers nach Leipzig wurde Literatur über den Militärstaat Ober Ost sowie Untersuchungen zum Buchhandel unter Kriegsbedingungen, insbesondere zum Feldbuchhandel, hinzugezogen.[16]

Studium, die Zeit als freier Schriftsteller und die akademische Laufbahn

Herkunft und Studium

Victor Klemperer wurde am 9. Oktober 1881 als neuntes Kind des Reformrabbiners Dr. Wilhelm Klemperer (1839–1912) und dessen Frau Henriette geb. Franke (1843–1919) in Landsberg an der Warthe, heute Gorzów Wielkopolski, geboren.[17] Victor hatte vier Brüder und vier Schwestern. 1885 siedelte die Familie nach Bromberg (Bydgoscz) über; 1891 wurde der Vater 2. Prediger der jüdischen Reformgemeinde in Berlin.

Victor Klemperer besuchte seit 1893 das Französische und ab 1896 das Friedrich-Werdersche Gymnasium in Berlin. 1897 verließ er das Gymnasium auf eigenen Wunsch vorfristig mit dem Abschluss der Untersekunda und dem Bestehen eines seit 1892 abzulegenden Examens, das zugleich Voraussetzung für den freiwilligen einjährigen Militärdienst war.[18] Er trat eine Kaufmannslehre bei der Berliner Exportfirma Löwenstein & Hecht (Galanterie- und Kurzwaren) an. Diese brach er ab und kehrte zur Schulbank zurück, um am Gymnasium in Landsberg/Warthe Ostern 1902 das Abitur abzulegen.

Victor Klemperer studierte anschließend bis zum Herbst 1905 deutsche Literaturgeschichte und romanische Philologie, anfangs in München, Genf und Paris, während der letzten vier Semester in Berlin. Daran schloss sich ein – von der Familie erzwungener – Studienaufenthalt in Rom an. Eine bei dem Romanisten Adolf Tobler (1835–1910), einem Mediävisten und Sprachhistoriker, 1905 beabsichtigte Promotion kam wegen Vorbehalten Klemperers dem Thema gegenüber nicht zustande. Victor haderte später damit, diese Chance nicht ergriffen zu haben.[19]

Klemperer als freier Schriftsteller

Von Anfang 1906 bis 1912 war Victor Klemperer als freier Schriftsteller in und bei Berlin tätig.[20] In seinem Lebenslauf sind die sechs Jahre unter der Überschrift *Der halbe Beruf* leicht zusammengefasst. Liest man das *Curriculum* aufmerksam, kann man erahnen, wie mühevoll unter der kritischen Beobachtung und Kommentierung der Familie die ersten Schritte auf diesem Weg waren. Dabei plagten ihn existenzielle Sorgen: Die literarischen und journalistischen Arbeiten waren für den völlig Unbekannten alles andere als finanziell ertragreich. An die frühen lyrischen Arbeiten als Gymnasiast und junger Schriftsteller knüpfte er ohnehin nicht wieder an. Zeilenhonorare für Zeitschriften- und Zeitungstexte waren äußerst gering, sofern Victors Arbeiten überhaupt angenommen wurden. An umfangreichere Arbeiten war anfangs nicht zu denken.

Das war umso bedeutender, als er am 16. Mai 1906 heimlich die aus Königsberg (Kaliningrad) stammende Pianistin Eva Schlemmer (1882–1951) heiratete. Sie hatte eine gutbürgerliche Kindheit verlebt, nach der Trennung der Eltern – der Vater blieb in Königsberg, die Mutter zog nach Berlin – und zunehmenden gesundheitlichen Problemen der Mutter hatte sich ihre materielle Lage jedoch deutlich verschlechtert. Die Verbindung wurde von den Familien Klemperer und Schlemmer sehr kritisch gesehen, wenn nicht abgelehnt.[21] Victor war sich bald darüber klar, dass er es als bis dahin völlig unbekannter freier Schriftsteller nicht einfach haben würde, zumal die finanzielle Unterstützung seiner Familie nicht für zwei Personen ausreichte und seine Schwiegermutter Unterstützung benötigte.

Eva unterstützte Victor in seiner schriftstellerischen und journalistischen Arbeit. Victor diktierte ihr seine Texte; sie griff auch ein, wenn Victors Konzentration abnahm und wies ihn auf Wiederholungen und Fehler hin.[22] Aber ihre Mitwirkung an den Arbeiten ihres Mannes ging später noch weit darüber hinaus. 1925 hielt Victor fest:

„In diesen Studien (wie in allen meinen Arbeiten) steht nichts, was wir nicht gemeinsam durchdacht u. vielfach erwogen haben. Wenn ich also deinen Namen, liebe Eva, der Sammlung voransetze, so ist das keine Widmung im Sinne e. Geschenkes." Es sei geboten, weil es sich bei ihnen um eine „geistige Gütergemeinschaft" handele und seine Frau Miteigentümerin der Arbeiten sei.[23]

Aber zurück zu den ersten eigenen Prosawerken Victor Klemperers. Sein um 1904 entstandenes Erstlingswerk[24] *Schwesterchen. Ein Bilderbuch* erschien 1906. Für diese „Phantasiensammlung" erhielt er keinerlei Honorar; für die Erzählung *Glück* im gleichen Verlag immerhin 200 Mark. „Etwas besser" erging es ihm mit den 1906 veröffentlichten *Talmud-Sprüchen*, einer eigenen freien Übertragung (aus dem Französischen), die vereinzelt auch in Tageszeitungen erschienen.[25]

„Galt ich den Brüdern doch als Entgleister, nicht nur meiner titellosen Pfennigschreiberei halber, sondern weit mehr noch wegen meiner Rückwendung zum Jüdischen. Als Berthold mein Bändchen Talmudsprüche zu Gesicht bekam, sagte er mir: ‚Daß du so weit herunterkommen würdest, hätte ich nun doch nicht geglaubt'."[26]

Die von Klemperer veröffentlichten eigenen Prosawerke – insgesamt drei – hielten seinen eigenen hohen Ansprüchen im Nachhinein nicht stand, worauf er konsequent „… alles weitere Geschichtenschreiben abschwor".[27] 1907 bis 1909 verfasste Klemperer – meist zu Anlässen wie runden Geburtstagen o. Ä. – Bücher über den Schriftsteller, Dramatiker und Übersetzer Paul Heyse (1830–1914), den Schriftsteller und Direktor des Burgtheaters in Wien Adolf (von) Wilbrandt (1837–1911) sowie den Schriftsteller und Journalisten Paul Lindau (1839–1919).[28]

In Zeitschriftenaufsätzen griff er Aspekte des Werkes von Friedrich Spielhagen (1829–1911) auf und veröffentlichte zu dessen 80. Geburtstag 1909 eine Studie zum Zeitroman Spielhagens.[29] Spielhagen war in den 1850er/1860er Jahren einer der meistgelesenen deutschen Romanschriftsteller, in der Familie Klemperer von den Eltern und den älteren Brüdern verehrt und als literarischer Repräsentant des politischen Liberalismus wertgeschätzt. Spielhagens Dichtung gab Klemperers Literaturbetrachtung wichtige Anregungen: „Sie war mehr als ein Roman, … sie enthielt die Ideengeschichte einer Zeitphase."[30] Für Klemperer war Spielhagens Roman *In Reih und Glied* eines der „höchsten Vorbilder", ein Vorbild, das er aber für seine eigenen poetischen Arbeiten als unerreichbar ansah.[31]

Als Journalist, der sich ohne weitere Vertiefung heute zu diesem, morgen zu jenem Thema äußerte, sah er sich wenig geeignet. Er bevorzugte das Feuilleton, aber da gab es reichlich prominente Konkurrenz, vor allem in der Theaterkritik (von Alfred Kerr bis Siegfried Jacobson), von denen im *Curriculum* jedoch keiner namentlich erwähnt ist. Ein Einstieg gelang ihm mit Porträts von Berliner Professoren, die seit Dezember 1906 im *Berliner Tageblatt* erschienen und später gesammelt publiziert wurden.[32]

Literaturbetrachtungen und Rezensionen Klemperers erschienen in zahlreichen Zeitungen, Zeitschriften und Jahrbüchern (*Berliner Börsen-Courier, Frankfurter Zeitung, Vossische Zeitung, Bühne und Welt, Grenzbote, Westermann's illustrirte deutsche Monats-Hefte, Preußische Jahrbücher, Allgemeine Zeitung des Judentums, Ost und West, Illustrierte Monatsschrift für Modernes Judentum*).[33]

Bereits völlig im (populär)wissenschaftlichen Umfeld bewegte sich der literaturgeschichtliche Überblick über *Deutsche Zeitdichtung von den Freiheitskriegen bis zur Reichsgründung* von 1910, zu dem in einem zweiten Teil eine Auswahl von Gedichten gehörte.[34]

Klemperer berichtete im *Curriculum* zudem über zahlreiche Vorträge vor jüdischen Literaturvereinen in der Provinz, die auch der Ausbildung und Vergewisserung seiner rhetorischen Fähigkeiten dienten. Der älteste Bruder Georg kommentierte verärgert:

> „Glaubst du, es macht mir Vergnügen, wenn mein Bruder überall herumschreibt, die Zeile für einen Groschen, und mit Vorträgen in Meseritz und Neutomischel hausiert? Ich denke an unseren Namen und unsere Familienehre."[35]

Wie gezeigt, wurde der Nachzügler Victor, sehr zu seinem Verdruss, an seinen älteren Brüdern – der erstgeborene Bruder war früh gestorben – Georg (1865–1946), Felix (1866–1932) und Berthold (1871–1931) gemessen. Georg Klemperer war Internist, Leiter der Inneren Abteilung am Städtischen Krankenhaus Moabit in Berlin und seit 1905 a. o. Professor an der Universität Berlin. Felix war Spezialist für Hals- und Brustkrankheiten, Direktor des Städtischen Krankenhauses Berlin-Reinickendorf und gleichfalls a. o. Professor an der Universität Berlin. 1922 und 1923 behandelte Georg mehrfach W. I. Lenin in Moskau, auch Felix wurde 1922 von Lenin konsultiert. Berthold Klemperer war als Rechtsanwalt erfolgreich und mit der Tochter des preußischen Generalleutnants Georg Schott (1851–1916) verheiratet.[36] Die älteren Brüder hatten als assimilierte Juden im preußisch-deutschen Kaiserreich trotz aller antisemitischen Vorbehalte der Gesellschaft Karriere gemacht. Das setzte Victor unter erheblichen Druck, denn die Familie erwartete von ihm eine ebenfalls erfolgreiche Laufbahn. Mehrfach versuchte er, dem zu entgehen und Eigenständigkeit zu bewahren. Victor blieb lange Zeit auf finanzielle Hilfe durch die Familie angewiesen, was sein Verhältnis zum ältesten Bruder Georg, der diese vertrat, sowie zum zweitältesten Berthold, erheblich belastete.[37]

Obwohl der Vater Rabbiner einer Reformgemeinde war – in offiziellen Äußerungen gaben die Söhne als Beruf lediglich „Prediger" an –, ging es im Familienalltag relativ freisinnig zu. Die orthodoxen religiösen Riten galten nicht allzu viel; sie wurden eher als Relikte vergangener Zeiten betrachtet. Das Gemeindeleben wurde distanziert wahrgenommen. Als Klemperer gefragt wurde, ob er das hebräische Totengebet für seinen Vater mitsprechen möchte, lehnte er ab, da er kein Wort Hebräisch spräche.[38] Klemperer stand schließlich „allen traditionellen Glaubensformen" mit „Indifferenz und Kälte" gegenüber, so dass es aus dieser Sicht kein ernsthaftes Problem war, zum christlichen Glauben zu konvertieren. Eine 1902 – nach dem Abitur und vor dem Studienbeginn –

vom Bruder Berthold arrangierte Taufe, die Victor als Einjährigberechtigten nach dem verkürzten Militärdienst eine Aufnahme in das Reserveoffizierskorps ermöglicht hätte,[39] machte er rückgängig und gab bei seiner Eheschließung als Konfession „mosaisch" an. 1912, nach dem Tod des Vaters, trat er endgültig zur evangelischen Kirche über, um seine Chancen für eine akademische Karriere zu erhöhen. Er folgte damit seinen Brüdern, denen er Jahre zuvor deshalb noch „Strebertum" vorgeworfen hatte. Für Klemperer war – und da war er sich mit seinen Brüdern einig – die Taufe ein Zeichen für seinen „Willen zum Deutschtum". Er sei nicht mehr davon überzeugt gewesen, dass sich Judentum und Deutschtum unter allen Umständen miteinander vertragen könnten", und im Falle einer Wahl „… bedeutete mir das Deutschtum alles und das Judentum gar nichts …". An dieser deutschnationalen Einstellung sollte er lange festhalten.

Die Fortsetzung der akademischen Laufbahn

Der Tod des Vaters am 12. Februar 1912[40] stellte für Eva und Victor Klemperer einen Einschnitt dar. Victor entschied sich – den nachdrücklichen Aufforderungen der Familie folgend – für eine akademische Laufbahn und beendete die Zeit des „halben Berufs" als Journalist und freier Autor. Seine älteren Brüder Georg und Berthold hatten ihm noch einmal unmissverständlich zu verstehen gegeben, was sie von seiner Arbeit als freier Publizist hielten: „Wir möchten viel lieber einen Professor als einen kleinen Journalisten zum jüngsten Bruder haben."[41]

Eva und Victor Klemperer siedelten im März des Jahres nach München über, wo Victor sein Studium wieder aufnahm. 1913 wurde er an der Ludwig-Maximilians-Universität München bei Franz Muncker (1855–1926) mit einer Arbeit über die Vorgänger Friedrich Spielhagens promoviert, Zweiter Referent war der germanistische Mediävist Hermann Paul (1846–1921).[42] Zum Spielhagen-Thema hatte ihn Muncker mit Verweis auf die von Klemperer bereits veröffentlichten Vorstudien geraten.[43]

Klemperer wechselte nun von der Germanistik zur Romanistik und habilitierte sich im folgenden Jahr bei dem Münchner Romanisten Karl Vossler (1872–1949) mit einer Studie über Montesquieu.[44] Der nunmehrige Privatdozent der Universität München arbeitete von 1914 bis 1915 als Lektor an der Universität Neapel.[45] Hier vollendete er nach zweijähriger Arbeit im März 1915 seine Studie über Montesquieu, deren ersten Teil er als Habilitation eingereicht hatte. Ebenso wie Eugen Lerch und Werner Krauss zählte Klemperer zu den Schülern Karl Vosslers. In dessen Nachfolge entwickelte Klemperer seine „Idealistische Neuphilologie", sein Sprach- und Kulturkonzept.

> „Kultur ist Ausdruck von Geist und Charakter eines Volkes, einer Nation – und Sprache ist eine Ausdrucksform dieses Volksgeistes. Zeitlebens hat Klemperer dieses Konzept im Prinzip gelten lassen. Ab 1933 aber bringt die deutsche Erscheinungsform des Faschismus Klemperers wissenschaftliche Grundüberzeugung ins Wanken: ‚Spezifisch deutsch' und im ‚Kern undeutsch' heißen die Extreme seiner Sprach- und Kulturkritik des Nationalsozialismus, zwischen denen sich Klemperer nicht mehr festlegen lässt."[46]

Aber zurück zur Chronologie: Die äußerst rasche wissenschaftliche Karriere machte Klemperer nicht nur Freunde. 1918 erinnerte ihn Philipp August Becker (1862–1947), von 1917 bis 1930 ordentlicher Professor für Romanische Philologie an der Universität Leipzig, aus der Sicht von Kollegen habe es geheißen: „Sie sind viel zu rasch und zu leicht Privatdozent geworden …".[47]

Der Vorwurf eher journalistisch-essayistischer als streng wissenschaftlicher Methodik sollte Klemperer angesichts seiner sehr umfangreichen Publikationsliste in den folgenden Jahrzehnten immer wieder neu begegnen. Hinzu kam sein Verständnis von Romanistik als Wissenschaft. Seine kultur- und völkerpsychologischen Prämissen wie die Konzeption, literaturhistorische Zusammenhänge einzelner Epochen bzw. Strömungen zu betrachten und zu beschreiben, blieb der

Universitätsromanistik verdächtig. Der Verzicht auf klassische sprachwissenschaftliche Methoden und Themenstellungen brachte zunehmend Konflikte mit seinen Fachkollegen mit sich. Ihm war schon kurze Zeit nach der Aufnahme der Lehrtätigkeit als Privatdozent in München bewusst, dass die Analyse philologischer Detailfragen für ihn nicht in Frage kommen würde, auch wenn das seine Aussichten auf ein Ordinariat schmälerte. Sein akademischer Lehrer Karl Vossler, der ihn mit dem literaturgeschichtlichen Habilitationsthema noch bestärkt hatte, wollte ihn von der Missachtung des Sprachwissenschaftlichen abbringen; er solle sammeln, belegen und aus der Literatur „Stichproben" nehmen und publizieren. Klemperer betrachtete jedoch diesen Forschungsansatz als stumpfsinnig und ungeistig und meinte gereizt: „Flöhe fangen ist geistiger."[48] Das konfliktreiche Verhältnis etwa zu Karl Vossler, Eugen Lerch und Werner Krauss beruhte nicht zuletzt auf den wissenschaftlich-methodischen Differenzen zwischen ihnen und Klemperer. So ist erklärlich, wenn Krauss als Ordinarius nach 1945 einen Einfluss Klemperers auf die Leipziger Romanistik ablehnte und dessen

> „Verzicht auf eine forscherische Einstellung zugunsten einer darstellenden und interpretierenden Funktion, die ein durchdachtes und meistens mit größter Wirksamkeit formuliertes Bild eines forscherisch längst erschlossenen literarischen Themas entrollen. Dabei versteht es Prof. Kl. in einem rhetorisch durchgearbeiteten Stil mit gleicher Brillianz [sic! L. P.], die breite Pinselführung des Polyhistors zu meistern, wie einfühlsame Betrachtungen über weltanschauliche oder poetische Lebensbilder anzustellen."[49]

Georg Klemperer (1865–1946)
Internist, Leiter der Inneren Abteilung am Städtischen Krankenhaus Moabit in Berlin,
seit 1905 a. o. Prof. an der Universität Berlin

Felix Klemperer (1866–1932)
Internist, Spezialist für Hals- und Brustkrankheiten, Direktor des Städtischen Krankenhauses Berlin-Reinickendorf, a. o. Prof. an der Universität Berlin

Neue
Deutsche Klinik

Handwörterbuch der praktischen Medizin

mit besonderer Berücksichtigung der inneren Medizin,
der Kinderheilkunde und ihrer Grenzgebiete

Herausgegeben von

Prof. Dr. **Georg Klemperer** und Prof. Dr. **Felix Klemperer**
Berlin

ERSTER BAND
Abdominaltyphus — Balneologie

Mit 173 bildlichen Darstellungen im Text und auf 1 farbigen Tafeln

Urban & Schwarzenberg
Berlin N 24   1928   Wien I
Friedrichstraße 105 b   Mahlerstraße 4

Verlag von Urban & Schwarzenberg in Berlin und Wien

Neue Deutsche Klinik

Handwörterbuch der praktischen Medizin
mit besonderer Berücksichtigung der inneren Medizin,
der Kinderheilkunde und ihrer Grenzgebiete

Herausgegeben von

Prof. Dr. **Georg Klemperer** und Prof. Dr. **Felix Klemperer**
Berlin

Erscheinungsweise und Bezugsbedingungen:

Die „Neue Deutsche Klinik" wird voraussichtlich **8 Bände** von je
800 Seiten Text mit zahlreichen ein- und mehrfarbigen Abbildungen
im Text und auf Tafeln umfassen.

Die Ausgabe erfolgt zunächst in **monatlichen Lieferungen** von
etwa je 10 Druckbogen (160 Seiten) Umfang, deren je fünf einen Band
ergeben. Den einzelnen Bänden wird bei ihrem Abschlusse als geson-
dertes Heft ein fortlaufend ergänztes Schlagwortverzeichnis mitgegeben,
so daß das letzte jeweils über alles in den bis dahin abgeschlossenen
Bänden Enthaltene Auskunft gibt. Bei Abschluß des Werkes wird mit
dem letzten Band zusammen ein **Gesamtschlagwortverzeichnis** aus-
gegeben werden.

Bezieher der Lieferungsausgabe können bei Abschluß jedes Bandes
die zugehörige **Einbanddecke** in Halbleder durch die das Werk liefernde
Buchhandlung beziehen. Die „Neue Deutsche Klinik" kann nur voll-
ständig bezogen werden; Einzelteile (Lieferungen oder Bände) sind
nicht käuflich.

Preis:

Jede Lieferung kostet RM 6·60, somit der aus fünf Lieferungen bestehende
Band RM 33·—, in dauerhaftem Halblederband RM 40·—.

Neue Deutsche Klinik. Handwörterbuch der praktischen Medizin
Von 1928 bis 1932 erschienen insgesamt 10 Bände sowie ein Registerband

Otto Klemperer (1885–1973)
Cousin Victors, Dirigent und Komponist

Grab der Eltern: Henriette geb. Franke und Wilhelm Klemperer
Jüdischer Friedhof Berlin-Weißensee

Lebenslauf Klemperers vom Sommer 1909.
Victor Klemperer: Aus härtern und weichern Tagen. Hermann Hillger Verlag 1910

Die Vorgänger
Friedrich Spielhagens.

Inaugural-Dissertation,
der philosophischen Fakultät Sektion I
der K. Ludwig-Maximilians-Universität zu München
zur Erlangung der Doktorwürde

vorgelegt von

VICTOR KLEMPERER
München

WEIMAR
ALEXANDER DUNCKER VERLAG
1913.

Auf der Grundlage der Dissertation erweiterte Veröffentlichung von 1913
als Band 43 der *Forschungen zur neueren Literaturgeschichte*

MONTESQUIEU

HABILITATIONSSCHRIFT
ZUR
ERLANGUNG DER VENIA LEGENDI
EINER
HOHEN PHILOSOPHISCHEN FAKULTÄT
SEKTION I
DER
K. BAYR. LUDWIG-MAXIMILIANS-UNIVERSITÄT
ZU MÜNCHEN
VORGELEGT VON
Dr. VICTOR KLEMPERER

g. 50444.

HEIDELBERG 1914
CARL WINTERS UNIVERSITÄTSBUCHHANDLUNG

Habilitationsschrift von 1914
Band 2 der Studie wurde 1915 in Italien vollendet

Vom Kanonier zum Militärzensor beim Oberbefehlshaber Ost

Ein Privatdozent als Kriegsfreiwilliger

Das Ende der Zeit als Lektor in Neapel zeichnete sich im Frühjahr 1915 immer deutlicher ab. Italien hatte nach Kriegsbeginn zunächst seine Neutralität erklärt, aber nachdem im März 1915 Österreich-Ungarn italienische Ansprüche auf Südtirol zurückgewiesen hatte, wurde eine Verbindung Italiens mit der Entente immer wahrscheinlicher. (Am 26. April verpflichtete sich Italien schließlich zum Kriegseintritt auf Seiten der Entente binnen eines Monats.)

Klemperer wurde Anfang April über das deutsche Konsulat in Neapel aufgefordert, als Landsturmpflichtiger[50] zur Gestellung sofort in die Heimat abzureisen. Nach seiner Rückkehr nach München und der Musterung wartete er eine Einberufung nicht ab, sondern meldete sich als Kriegsfreiwilliger. Er war zu diesem Zeitpunkt bereits 33 Jahre alt und hatte nach der abschlägigen medizinischen Untersuchung beim vergeblichen Antritt des Militärdiensts nach dem Abitur als Einjährig-Freiwilliger im Jahre 1902 noch keinen Militärdienst geleistet.

Die Entscheidung war ihm nicht leichtgefallen. Er hatte zum einen einem diffusen, von der Familie und seiner Umgebung ausgehenden Druck nachgegeben, war zum anderen aber auch seinen deutsch-nationalen Positionen gefolgt, nach denen Deutschland angegriffen worden und zu verteidigen war. „Wir sind in äußerster Notwehr und in allerreinstem Recht.", hatte er am 3. August 1914 notiert. Und weiter: „Geht es wirklich um Deutschlands Existenz – und es scheint doch darum zu gehen –, dann muß eben der letzte Mann heraus."[51] Die schon 1915 abfällige und kritische, auf den Straßen zu hörende und von ihm als peinlich empfundene Bezeichnung der Kriegsfreiwilligen als „Kriegsmutwillige" sorgte bei ihm für eine erste Verunsicherung.[52]

Auf seine Bitte, als Italienisch-Dolmetscher eingesetzt zu werden, wurde keine Rücksicht genommen. Da er bei seiner Musterung für einen Einsatz bei der Artillerie tauglich befunden worden war, wurde Victor Klemperer als Kriegsfreiwilliger und Einjährigberechtigter am 15. Juli 1915 zum in München in der Maximilian-II-Kaserne stationierten bayerischen 7. Feld-Artillerie-Regiment eingezogen. In der II. Reserveabteilung wurde er als Kanonier – einschließlich Reitunterricht – ausgebildet (u. a. an der leichten Feldhaubitze 98/09, Kaliber 10,5 cm) und am 28.7.1915 vereidigt.[53] An der Front eingesetzt war Klemperer dann im bayerischen Reserve-Feldartillerie-Regiment Nr. 6. Nach der Kriegsgeschichte des Regiments war die Zusammensetzung der eingesetzten Mannschaften einmalig: Zu den „altgedienten" kamen die frisch ausgebildeten Kriegsfreiwilligen hinzu. Diese haben ein

> „buntes Bild geboten: Vom Mittelschüler bis zum gereiften Mann von 41 waren alle Altersklassen und Berufe vertreten."[54]

Klemperers Erinnerungen an das nicht einfache Zusammenleben der Soldaten unter Frontbedingungen mit so vielfältiger sozialer Herkunft und intellektuellem Hintergrund belegen das eindrucksvoll.

Die gebräuchliche Abkürzung der Kaserne „Max-II/zwei"[55] wurde für Eva und ihn zum Synonym für militärischen Drill, Fremdbestimmung, geistige Abstumpfung, ein sinnentleertes Dasein. Als Klemperer Mitte 1918 in München seine Entlassung aus dem Militärdienst regelte und dabei an die Orte seiner ersten Tage in der Kaserne erinnert wurde, beschrieb er die Gefühlslage:

> „Dort saß ich im Juli 1915 in Sträflingsdrillich … Ich durfte nicht heraus, war buchstäblich gefangen, weil ich noch nicht grüßen konnte. Ich, der 33jährige, der Privatdozent, der Ehemann, der Kriegsfreiwillige!"[56]

Nach der Ausbildung war Klemperer vom 19. November 1915 bis Anfang April 1916 im Stellungskrieg an der Westfront, in Französisch-Flandern südwestlich von Lille, eingesetzt.[57] Er gehörte der 6. Batterie der 2. Abteilung des 6. bayerischen Reserve-Feldartillerieregiments an und war als Kanonier und als Artilleriebeobachter in Aubers eingesetzt.[58] In der Nähe der Ortschaft Herlies gehörte er kurzzeitig einer Einheit an, die an erbeuteten französischen Festungskanonen ausgebildet wurde, aber rasch wieder aufgelöst wurde, da sich das erbeutete Material als untauglich erwies.

Zurück bei seiner Batterie war selbst eine Intervention des preußischen Generalleutnants Georg Schott, des Schwiegervaters seines Bruders Berthold, erfolglos, Victor einen angemessenen Dienstposten zuzuweisen. Die Ablehnung teilte ihm der Kommandeur der 2. Abteilung, Oberstleutnant Karl Wurm, persönlich in einer Rede voller Phrasen mit. Klemperer sah das Urteil seiner Kameraden bestätigt, Wurm sei ein alter Komödiant.[59]

Im März 1916 begann für Klemperer, so erinnerte er sich, die „… eigentlich trostlose Phase meiner Frontzeit".[60] Ihn peinigte „… das Gefühl der gänzlichen Leere, der Nichtigkeit meines eigenen Vegetierens und alles Geschehens um mich her". Zur psychischen Belastung kam nun körperliche Erschöpfung, Klemperers Kräfte ließen immer mehr nach. Schließlich führte hohes Fieber zum körperlichen Zusammenbruch und zur Einlieferung in das Reservelazarett 10 „… wegen Grippe u. Untersuchung a[uf] Felddienstfähigkeit …", nachdem ihm bereits Anfang März ein sehr schwaches Herz bescheinigt worden war.[61] Die spätere Diagnose, nach dem Eingreifen seines Bruders Felix, lautete Herzneurose, Grippe und Nephritis.[62] Am 22. Mai 1916 kam er aus dem Lazarett in Paderborn zur Kur in das westfälische Driburg.[63] Die militärärztliche Begutachtung Klemperers ergab, dass er als „garnisonsverwendungsfähig" (gv) künftig zum Etappendienst eingestuft wurde.[64]

Nach der Entlassung aus Driburg lautete die folgende Eintragung in der Kriegsstammrolle Klemperers: „18.7.1916 z.[um] Buchprüfungsamt des Oberbefehlshabers Ost."[65] Damit begann für den gesundheitlich angeschlagenen Kanonier Klemperer ein neuer Abschnitt, der ihn weg von der Front führte. Ihm war sehr wohl bewusst, dass diese Versetzung sein Leben rettete – freilich nicht in diesem Augenblick, sondern im Blick auf die gesamte Zeit bis zum Kriegsende. Dass das einmal ausgesprochene „gv" mit dem Fortgang des Krieges und dem zunehmenden Mangel an „Menschenmaterial" unversehens wieder zu einem „kv" („kriegsverwendungsfähig") und Fronteinsatz werden konnte, sollte Klemperer persönlich als Ergebnis einer Aktion des „Auskämmens" der nicht an der Front eingesetzten Mannschaften erfahren. Darauf wird noch zurückzukommen sein.[66]

Der Militärstaat des Oberbefehlshabers Ost und die militärische Buchzensur

Um die folgenden Schilderungen besser zu verstehen, muss kurz auf die Umstände, die zur Bildung eines größeren Territoriums im Osten geführt haben, und dessen Charakter eingegangen werden.

Oberbefehlshaber Ost (Ober Ost) war die Bezeichnung für das oberste deutsche Kommandoorgan auf dem östlichen Kriegsschauplatz.[67] Das zunächst nur provisorisch gebildete, am 1. November 1914 strukturmäßig verankerte Kommando besaß weitreichende Befugnisse und relative Selbständigkeit gegenüber der Obersten Heeresleitung. Erster Oberbefehlshaber Ost wurde der Kommandeur der 8. Armee Generaloberst, ab 27. November 1914 Generalfeldmarschall Paul von Hindenburg, der von der deutschen Propaganda zum Helden stilisierte „Sieger von Tannenberg" und „Befreier Ostpreußens".[68] Als Hindenburg am 29. August 1916 die Oberste Heeresleitung übernahm, wurde Generalfeldmarschall Prinz Leopold von Bayern Oberbefehlshaber Ost.

Im Laufe der Kämpfe gegen den russischen Gegner wurden 1915/16 von den deutschen Truppen die an Ostpreußen angrenzenden russischen Gouvernements (Kurland, Kowno, Wilna, Suwalki und Grodno) erobert. Das 1916 entstehende „Land Ober Ost" schloss Territorien des lettischen Kurland, Litauens und des polnisch-belorussischen Białystok-Grodno (Hrodno) – unterteilt in Verwaltungsbezirke mit wechselnder Zuordnung und unterschiedlicher Größe – ein und umfasste schließlich eine Fläche von fast 110.000 km^2 mit knapp drei Millionen Einwohnern.[69] Im Juni 1916 wurde die Militärverwaltung Ober Ost vom ostpreußischen Tilsit (Sowetsk) direkt in das besetzte Gebiet nach Kowno (Kaunas) verlegt.[70]

Die spezielle Ausprägung militärischer Herrschaft in einem Militärstaat geht zu einem großen Teil auf den maßgeblichen Einfluss des Generalstabschef Erich Ludendorff zurück. Die politische Zielstellung bestand darin, die Gebiete dem russischen Einfluss auf Dauer zu entziehen und letztlich ihre Annexion großer Teile durch Deutschland vorzubereiten. Bildung und Kultur galten als besondere Felder, die einheimische Bevölkerung nicht nur zu beherrschen, sondern möglichst zu kolonisieren und von den „Segnungen deutscher Kultur" zu überzeugen.[71] Schließlich spielte das Gebiet eine Rolle als Rohstoff- und Nahrungsmittellieferant, was sich im Verlaufe des Krieges stärker manifestierte. Für die Auswahl des in der Militärverwaltung einzusetzenden Personals legte Ludendorff Wert darauf, dass

> „… vornehmlich Angehörige des Soldatenstandes ausgewählt wurden, die nicht mehr frontverwendungsfähig waren. … Über die sich Meldenden zogen wir bei den vorgesetzten Dienststellen der Heimat eingehende Nachfragen ein."[72]

In den Erinnerungen Klemperers findet sich kein Hinweis darauf, dass er über das Wesen der deutschen Militärverwaltung des großen, bis zur Besetzung zum russischen Reich gehörenden Territoriums reflektiert habe, von kritischer Distanz seines Mitwirkens als zugegeben kleines Rädchen der Unterdrückungs- und Ausbeutungsmaschinerie ist nur gelegentlich etwas zu spüren. Seine mit einer großen Zahl Deutscher geteilte chauvinistische Einstellung beruhte auf der bei Kriegsbeginn konstatierten „ungespaltenen Einfalt meines Fühlens" als Deutscher.

> „Wir, wir Deutschen, waren besser als die andern, freier im Denken, reiner im Fühlen, ruhiger und gerechter im Handeln. Wir, wir Deutschen waren das wahrhaft auserwählte Volk."

Das habe ihn dazu bewogen, sich als Kriegsfreiwilliger zu melden.[73] Und ganz im Banne patriotischer Grundmuster und nationalistischer Überhöhung war er nach seinen wenigen Eindrücken von den Zuständen vor Ort einmal mehr davon überzeugt, dass die Deutschen in den von ihnen besetzten ehemaligen russischen Gouvernements Kulturbringer seien.[74] So verwundert sein Bekenntnis auch nicht, er habe nicht gezweifelt, dass nach dem Frieden von Brest-Litowsk ein Stück Litauen-Polen Preußen zugeschlagen werden sollte. „Nun mochte hierbei mitwirken, daß ich ja als Ober-Ost-Zensor seit anderthalb Jahren in meinen Gedanken auf diese Annexion fixiert war."[75]

Klemperer hatte die Abkommandierung zu einer Militärzensurbehörde seinem Bruder Felix zu verdanken, der als Gouvernementsarzt im Range eines Oberstabsarztes (entsprach den Rang eines Majors) im Bereich des Oberbefehlshabers Ost in Kowno diente und von der Einrichtung eines Buchprüfungsamtes beim dortigen Presseamt gehört hatte. Er veranlasste, dass Victor für diese neue Stelle angefordert wurde.[76]

Klemperer war am 18. Juli in Driburg aus der Genesungskur entlassen worden und kam am 20. Juli 1916 in Kowno an. Er fand Unterkunft im Quartier seines Bruders Felix. Eva gegenüber bezeichnete er sich nun als „Bürokrat", der offensichtlich nicht so viel zu tun hatte, dass es nicht für das Abfassen eines Briefes während der Dienstzeit gereicht hätte.[77] Victor hielt sich allerdings – von Klempererbiographen oft übersehen – lediglich zwölf Tage in Kowno bei der in der Umstrukturierung befindlichen

31

Presseabteilung beim Oberbefehlshaber Ost auf. Eingerichtet wurden am 15. Juli 1916 als Sektion V der Presseabteilung ein Buchprüfungsamt (Bupra) sowie als Sektion VI eine „Prüfungsstelle Ob.Ost Leipzig".[78] Der für die Leitung der Leipziger Dienststelle vorgesehene Offizier, Hauptmann der Landwehr Adolf Neumann-Hofer, wählte Klemperer als Zensor für Leipzig persönlich aus.[79]

In Kowno hatte Klemperer den expressionistischen Maler und Grafiker Magnus Zeller (1888–1972) kennengelernt, der als Ordonnanz der Presseabteilung von „Berliner Freunden" aus dem Fronteinsatz als Armierungssoldat aus dem „Schlamassel" geholt worden war.[80] Er informierte Klemperer u. a. über einen „Klub der Intellektuellen", der sich in Kowno gebildet hatte.

> „… da verkehrt alles, was Kultur hat und keine patriotischen Scheuklappen trägt, Offiziere und Mannschaften. Wir kommen wöchentlich zusammen, es wird geplaudert, es werden Vorträge gehalten, neue Bilder gezeigt, eigene Verse und Geschichten vorgelesen …"[81]

Wegen der kurzen Dauer des Aufenthalts in Kowno kam es zu der von Zeller vorgeschlagenen Einführung Klemperers in diesen Kreis jedoch nicht; Klemperer begegnete zwei weiteren Protagonisten dieser losen Gruppierung, dem Maler Hermann Struck (1876–1944) und dem Schriftsteller Herbert Eulenburg (1876–1949) „auf einen Händedruck und ein Dutzend Worte"[82], bevor er nach Leipzig versetzt wurde.

Ein von einigen Autoren angenommener reger Austausch mit diesem Intellektuellenkreis von Ober Ost – außer den bereits Genannten u. a. die Schriftsteller Richard Dehmel, Sammy Gronemann, Arnold Zweig sowie der Maler Karl Schmidt-Rotluff – kann zum einen wegen der baldigen Versetzung Klemperers nach Leipzig, zum anderen, weil etwa Dehmel, Gronemann und Zweig erst nach der Abreise Klemperers in Ober Ost eintrafen, nicht stattgefunden haben.[83] Deshalb kann auch von einer Mitwirkung Klemperers an einem deutschen Kulturprogramm keine Rede sein.[84] Mit seiner Versetzung zum Militärgouvernement Litauen kam er nur für einige wenige Tage bis zu seiner „Flucht aus Wilna" Mitte November noch einmal in Berührung mit dem Intellektuellenkreis, der mit der Presseabteilung nach Wilna umgesiedelt und dessen Bekanntschaft ihm in Kowno 1916 entgangen war.[85]

Hinzu kam ein weiterer Aspekt in der Sicht Klemperers, der eine Zusammenarbeit mit etlichen der jüdischen Intellektuellen problematisch gemacht hätte. Zeller und Gronemann z. B. hatte er als überzeugte Zionisten wahrgenommen. Sie standen damit für eine Gesinnung, die dem assimilierten Privatdozenten Klemperer verhasst war. Seine Eindrücke vom Ostjudentum bestärkten ihn in seinem ausschließlich vom Geist, nicht von Blut oder kultureller Atmosphäre bestimmten Deutschtum.[86] Er habe „... Gemeinschaft des Geistes nur mit dem, was europäisch, engste und letzte Gemeinschaft nur mit dem, was deutsch ist..."[87]. Im November 1918 äußerte sich Klemperer nach dem Besuch einer Talmudschule in Wilna noch einmal deutlich: „Ich gehöre nach Europa, nach Deutschland, ich war nichts als Deutscher, und ich dankte meinem Schöpfer, Deutscher zu sein."[88]

Im Sommer 1916 hatte, wie bereits angedeutet, zeitgleich mit der Verlegung des Hauptquartiers von Tilsit nach Kowno eine Neustrukturierung der Militärzensur im Gebiet des Oberbefehlshabers Ost begonnen. Die unter Hauptmann Friedrich Bertkau bestehende Presseabteilung Ober Ost hatte bis dahin hauptsächlich die Präventivzensur für die in ihrem Territorium verlegten periodischen Druckerzeugnisse ausgeübt, was nur in den Grenzbezirken üblich, aber in den inländischen Korpsbereichen grundsätzlich nicht der Fall war.[89] Nachdem am 1. April 1916 das Kriegsministerium die stellvertretenden Generalkommandos für die Überwachung der Aus-, Ein- und Durchfuhr von Druckschriften in ihrem Bereich verantwortlich gemacht und ein einheitliches Vorgehen durch die Übernahme der in einem Korpsbereich ausgesprochenen Verbote durch sämtliche andere Korpsbereiche angemahnt hatte,[90] erhielt die Presseabteilung ein für die Zensur von Büchern zuständiges Buchprüfungsamt (Bupra), das die Sektion V der Presseabteilung bildete.[91] Es hatte Herstellung, Verbreitung und Ausfuhr von Büchern und sonstigen Druckerzeugnissen im Gebiet von Ober Ost zu überwachen. Hier war alles auszusondern, was den politischen und kulturellen Bestrebungen der Militärregierung zuwiderlief.[92]

Die Einrichtung eines eigenen Buchprüfungsamtes für den Bereich des Oberbefehlshabers Ost wurde in einer vom Chef des Generalstabes Ob. Ost, Generalleutnant Erich Ludendorff, unterzeichneten Verordnung des Oberbefehlshabers Ost über die periodische Presse, Bücher, Karten und sonstige Druckschriften vom 10. Juli 1916 grundsätzlich geregelt.[93] Danach fungierte wie schon zuvor die Presseabteilung des Oberbefehlshabers als die oberste Zensurstelle für das gesamte Gebiet.[94] Von der militärischen Führung wurde die Tätigkeit der Presseabteilung und die ihres Leiters Hauptmann Friedrich Bertkau sehr hoch bewertet. Ludendorff hielt in seinen Kriegserinnerungen z. B. über den Leiter der Presseabteilung fest:

> „Ich hatte für die Presse und Zensur Hauptmann Bertkau als Berater. Er verband mit großer Arbeitskraft und Beherrschung der Zeitungstechnik ein selbständiges und gereiftes politisches Urteil und ist mir so von großem Nutzen gewesen. Er arbeitete vorher im Ullstein-Verlage, ... In seinem warmen nationalen Empfinden entsprach er meinen Anforderungen."[95]

Der Schriftsteller, Kriegsfreiwilliger und Leutnant der Landwehr Richard Dehmel, der vom 4. September bis 10. November 1916 im Buchprüfungsamt in Kowno Dienst tat, schilderte den von seinen Untergebenen „der Argus" genannten Bertkau: „Er ist der geborene Polizei-Inspektor, hat die Allüren der Tüchtigkeit, versteht seine Untergebenen ‚heranzukriegen', kühl bis zum glatten Scheitel hin, nett aus Schlauheit, aber ein ehrlicher Egoist ..."[96]

Die Verordnung vom 10.7.1916 wurde nicht nur in kurzer Folge in Zusätzen und Erläuterungen sowohl zu den Druckschriften, die genehmigungspflichtig waren bzw. den

Zensurbestimmungen nicht unterlagen, als auch zum Prozedere, präzisiert.[97] Schon zum 1. Januar 1917 wurden neue Grundsatzbestimmungen für die Einfuhr von Druckschriften erlassen, denen kurz darauf eine dritte Verordnung am 15. April 1917 folgte.[98]

Sie lassen erahnen, wie der gesamte Buchhandel (und letztlich auch die Leser) durch die preußisch-deutsche Militärverwaltungsbürokratie im Lande Ober Ost gegängelt wurde, zumal die einzuführenden Bücher bereits der Zensur der jeweiligen Generalkommandos im Reichsgebiet unterlegen und eine Genehmigung zur Ausfuhr erhalten hatten. Da aber die Generalkommandos autonom für ihren jeweiligen Zustandsbereich entschieden, galten für das unter Militärverwaltung stehende besetzte Territorium im Osten eigene Zensurvorschriften. Einspruch gegen Entscheidungen der Zensurstelle war grundsätzlich nicht vorgesehen.

Die Zensoren des Buchprüfungsamtes in Kowno und in der Prüfungsstelle in Leipzig zweifelten nach den Schilderungen der Zeugen Klemperer und Dehmel selbst massiv am Sinn der Zensurbestimmungen und der Zensurpraxis in Ober Ost. Dehmel fasste die Meinung seiner direkten Vorgesetzten und Kollegen in Kowno lakonisch zusammen: „Überhaupt sitzt hier niemand im Amt, der diese ganze Buchprüferei nicht für einen haarsträubenden Unfug hält."[99] Er verwies auf die „nichtsnutzigen Amtsmaßregeln" und unglaublichen Scherereien – Eingaben, Antragslisten, Stempelgebühren, Zollaufsicht, Gendarmenkontrolle –, die bei jedem Versuch, ein Buch einzuführen, der Antragsteller auszustehen habe, so dass die eigentlich deutschfreundlichen Kreise gegen die deutsche Verwaltung aufgebracht würden.[100] Mit zeitlichem Abstand merkte auch der Chef des Presseamts in seiner 1928 erschienenen Dissertation zur Zensur von Büchern an, man könne nachträglich kaum den Eindruck gewinnen, „als hätten zu alledem militärische Notwendigkeiten vorgelegen".[101]

Nach welchen inhaltlichen Kriterien die Zensur des Buchprüfungsamtes entschied, war den veröffentlichten Bestimmungen nicht zu entnehmen, so dass die beteiligten Zensurstellen breiten Spielraum für die Auslegung der internen Vorgaben besaßen, wie sich in der Praxis zeigen sollte und worauf noch zurückgekommen wird. Dabei ist weiterhin zu bedenken, dass es sich um deutschsprachige Bücher für die Minderheit deutschsprachiger Kunden handelte. Die Buchproduktion in den Sprachen der Masse der unter der Besatzung leidenden Bewohner des Militärverwaltungsgebiets – litauisch, lettisch, polnisch, russisch, weiß- oder belarussisch, hebräisch, jiddisch, – wurde vor Ort noch restriktiver zensiert bzw. unterbunden.[102]

Auch das Verfahren, um eine Einfuhrgenehmigung zu erlangen, die Frage z. B., wer die Anträge zu stellen hatte, der Verleger bzw. Zwischenbuchhändler, bei dem das Buch bestellt worden war, oder der Sortimentsbuchhändler vor Ort, der das Buch einführen wollte, war zunächst im Detail nicht eindeutig festgelegt.

Mitte August 1916 wurde den Buchhändlern mitgeteilt, dass sowohl durch den Lieferanten die Ausfuhr beantragt als auch der Nachweis erbracht werden müssten, dass den Bestellern – zulässig waren nur solche mit Wohnsitz im Gebiet von Oberost – bereits die Einfuhr erlaubt sei.[103]

Klemperer schilderte anschaulich die Odyssee einer Buchbestellung im Sommer 1916. Sie gibt eine Vorstellung von der Unsicherheit und vor allem der Desorganisation der Bucheinfuhr in der Praxis:

„Eine deutsche Buchhandlung in Mitau [Jelgava L. P.], sehr empfohlen von unserer dortigen Behörde, bemühte sich seit Monaten um guten deutschen Lehr- und Lesestoff. Die Behörde schrieb ausdrücklich, es handle sich in dieser Gegend um gebildetes deutsches Publikum, das seit dem Kriege von deutscher Lektüre abgeschnitten sei. Der Mann aus Mitau war endlich nach vielen Gutachten und Attesten in den Besitz einer Einfuhrerlaubnis gelangt und hatte seine Bücher in Leipzig bestellt. Danach war die Sendung in Königsberg angehalten worden und lag noch dort. Inzwischen hatte man neue Einfuhrverordnungen erlassen, und eben jetzt wurde dem Mitauer ‚anheimgestellt‘, auf den diesbezüglichen neuen Formularen neue Anträge beim Buchprüfungsamt zu stellen.“[104]

Das Beispiel dürfte unmittelbar aus der Zeit vor einer „Vereinfachung“ des Procedere stammen, die am 26. August 1916 „zur richtigen Handhabung“ der Verordnung vom 10.7.1916 veröffentlicht wurde. Die Ausfuhr bzw. die Einfuhr musste „mittels Vordruck“, der in den Pressestellen in Libau (Liepāja), Mitau (Jelgava), Kowno (Kaunas), Wilna (Vilnius), Grodno (Hrodna), Lida, Białystok oder direkt beim Buchprüfungsamt in Kowno (Kaunas) erhältlich war, durch den Buchhändler in Oberost, keinesfalls jedoch durch den Verleger oder Kommissionär des betreffenden Titels, beantragt werden. Antragslisten waren in doppelter Ausführung bei der Pressestelle bzw. beim Buchprüfungsamt einzureichen. Die Bücher mussten dabei nicht vorgelegt werden. Der Antragsteller erhielt vom Buchprüfungsamt Ob. Ost in Kowno schriftlichen Bescheid, „... nachdem gegebenenfalls eine Prüfung durch die Buchprüfstelle in Leipzig erfolgt ist“. Hier wird zum ersten Mal die Zensurstelle in Leipzig erwähnt, ohne die der Verzicht auf die generelle Vorlage eines Exemplars zu Zensurzwecken nicht erklärlich war.[105] Die Anschrift der Buchprüfungsstelle lautete zu diesem Zeitpunkt „Deutsches Buchhändlerhaus, Portal II, rechts“, von wo die für die Versendung der Büchersendungen erforderlichen, auf dem Paket anzubringenden Einfuhrmarken – später ist die Rede von „roten Leitzetteln“[106] – bezogen werden mussten. Ohne diese Leitzettel wurden nach der neu erlassenen Entscheidung Postsendungen – hier im ostpreußischen Königberg – festgehalten und nicht weiter transportiert.

Zu welchen Kapriolen die Militärbürokratie fähig war, zeigen die Mitteilungen vom 29.9.1916 über genehmigungspflichtige Druckschriften. Zwar sollten die vor dem 1. Januar 1914 veröffentlichten, wie in der Verordnung bereits festgehalten worden war, genehmigungsfrei eingeführt werden dürfen. Das galt jedoch nicht für Neuauflagen und nicht für militärische und politische Inhalte:

> „Als Bücher usw. militärischen oder politischen Inhalts gelten nicht nur militärische Fachschriften oder politische Streitliteratur, sondern alle Bücher, die überhaupt, sei es auch nur stellenweise, militärische oder politische Fragen irgendwie berühren, insbesondere auch Romane und sonstige Belletristik mit politischem Einschlag."[107]

Das war alles andere als eine eindeutige Orientierung für den Buchhandel und die Zensoren, wie Klemperer mehrfach beschreibt. Auf dieser Linie lag es, wenn gegenüber den Buchhändlern verlautbart wurde, die Versender seien strafrechtlich dafür verantwortlich, dass die Büchersendungen nur genehmigte oder freie Druckschriften enthielten. Bestünden Zweifel, „... empfiehlt es sich natürlich, die Genehmigung auf dem vorgeschriebenen Wege durch den Bezieher einholen zu lassen".[108] In der Praxis dürfte das darauf hinausgelaufen sein, dass nahezu jedes Buch zur Genehmigung eingereicht wurde – was die Zensurpraxis, wie sie Klemperer schilderte, auch bestätigte, ohne dass den Zensoren die zahlreichen Details des umständlichen Verfahrens bekannt geworden sein dürften.

Eine von der „Buchprüfungsstelle Ob.-Ost, Leipzig", veranlasste Mitteilung erschien am 10. Oktober 1916 im *Börsenblatt für den deutschen Buchhandel*. Darin wurde einerseits auf die zensurfreie Einfuhr von Geschäftsdrucksachen, von „Anpreisungen" (Werbeprospekte bzw. -kataloge), hingewiesen, andererseits darauf aufmerksam gemacht, dass die Einfuhr und der Vertrieb von Buchprospekten dann unzulässig sei, wenn darin verbotene oder genehmigungspflichtige Bücher, für die noch keine Einfuhrbewilligung vorliege, empfohlen wurden. Diese Regelung wurde später jedoch wieder aufgehoben und die Zuständigkeit für Einfuhrüberprüfung von reinen Drucksachen den Postüberwachungsstellen übertragen.[109]

Am 1. Januar 1917 traten im Gebiet Ober Ost bereits wieder neue Einfuhrbestimmungen in Kraft, wonach nun auch generell die zeitliche Grenze für eine genehmigungsfreie Einfuhr von Büchern, die vor dem 1.1.1914 erschienen waren, aufgehoben und für jede Büchersendung aus dem deutschen Reichsgebiet die Erlaubnis des Buchprüfungsamtes Ob. Ost erforderlich war.[110] Die in Ob. Ost ansässigen Besteller hatten ab 1.1.17 keine Antragslisten mehr, sondern Bestellscheine einzureichen.

> „Nach Prüfung werden diese Bestellscheine vom Buchprüfungsamt mit Zulassungsvermerk versehen und unmittelbar derjenigen Firma (Verleger bzw. Kommissionär) übersandt, die seitens des Bestellers für die Absendung der Bücher in Frage kommt und von dem Besteller in dem Bestellschein anzugeben ist. Der Versender hat alsdann seiner Sendung den mit Zustellungsvermerk versehenen Bestellschein beizufügen. … Am Bestimmungsort wird die Sendung auf ihre Übereinstimmung mit dem beigelegten Bestellschein von einer amtlichen Stelle geprüft und dem Besteller ausgefolgt."

Die Genehmigung zur Einfuhr in das Ob. Ost-Gebiet wurde auch nach der neuen Verordnung ausschließlich den hier ansässigen Bestellern erteilt, Anträge von reichsdeutschen Verlegern seien zwecklos.

Das rief endgültig die Verlagsbuchhändler und Kommissionäre im Reichsgebiet auf den Plan, denn diese Vorschriften begünstigten aus ihrer Sicht allein die Berliner Verkehrsbuchhandelsfirma Georg Stilke, die von der Militärverwaltung des Oberbefehlshabers Ost den dortigen Zeitungsvertrieb sowie die Feldbuchhandlungen gepachtet hatte. Das wurde als wettbewerbsverzerrende Monopolstellung empfunden, zumal der Firmeninhaber Hermann Stilke, der Sohn des Firmengründers Georg Stilke (1840–1900), als Ulanen-Rittmeister der Reserve in Ob. Ost Militärdienst u. a. beim Stab des Ob. Ost leistete und vermutet wurde, dass dieser unmittelbar auf die Einfuhrgenehmigung Einfluss ausübte.[111] Auch die Schilderungen der schon länger in Kowno beim Buchprüfungsamt Tätigen, die Richard Dehmel in seinem Kriegstagebuch zusammenfasste, weisen in diese Richtung, wonach Bertkau die Einrichtung des Zensurbetriebs Ludendorff „zugebogen [habe L. P.], … unter aktiver Beihilfe des Reserve-Rittmeisters und Engros-Buchhändlers Stilke, der die Wilnaer Zensurstelle deichselte …“.[112]

Seit Ende 1916 befasste sich auch der Reichstag mit dem Feldbuchhandel. Von Abgeordneten der SPD, der Nationalliberalen Partei und des Zentrums und anderer Parteien wurden kritische Fragen nach der Monopolisierung des Feldbuchhandels im Westen und Ost gestellt.[113] Die Presseabteilung Ob. Ost trat im Mai 1917 den Vorwürfen gegen die Firma Georg Stilke bzw. den Rittmeister Hermann Stilke mit einer Erklärung entgegen:

> „Fälschlich ist vielfach behauptet worden, daß der Rittmeister d. R. Stilke, der Inhaber der Firma Georg Stilke, einen maßgeblichen Einfluß auf die Zensurtätigkeit und auf die Geschäftsführung der Feldbuchhandlungen ausübe. Dies ist durchaus unzutreffend. Rittmeister d. R. Stilke ist vielmehr jede geschäftliche Betätigung in den seiner Firma übertragenen Feldbuchhandlungen untersagt.“ [114]

Hinzu kam der Vorwurf, die Qualität der durch die Pächter – im Osten also die Firma Georg Stilke – angebotenen Lektüre sei kritikwürdig, weil ein hoher Anteil zur Schund- und Sensationsliteratur gerechnet werden müsse. Ebenso wurde gerügt, es würden auch „Kriegsschmutzschriften“ angeboten, die in trivialer Weise die einschlägigen Motive und Handlungen aus der Schundliteratur auf Schilderungen des Kriegsgeschehens übertrugen und mit vordergründigem Patriotismus verbrämten.[115]

Victor Klemperer war bereits in der Schnelleinführung in den Zensurbetrieb im Buchprüfungsamt Kowno im Juli 1916 auch mit dieser Art von Lesestoff – „Schmutzliteratur“ – in Berührung gekommen.[116] Als er damit beauftragt wurde, eine Übersicht über von verschiedenen Stellen bereits erlassene Einfuhrverbote anzufertigen, sah er eine lange Reihe vom Berliner Polizeipräsidium verbotener Schundliteratur. Das stand vermutlich in direktem Zusammenhang mit der Empfehlung vom preußischen Kriegsministerium an die stellvertretenden Generalkommandos, nach dem Vorbild des Vertriebsverbots von Schundliteratur des Oberkommandos in den Marken für die Reichshauptstadt und die Mark Brandenburg vom 22.3.1916 derartige Verbote im eigenen Zuständigkeitsbereich zu erlassen.[117] Die dem Verbot als Anlage beigefügte Liste mit Schundliteratur ging auf eine Zusammenstellung des Berliner Polizeipräsidiums zurück.[118]

Klemperer schilderte die heftigen Kunst- und Moraldebatten innerhalb der Leipziger Buchprüfungsstelle über den Umgang mit einer bestimmten Kategorie von Neuerscheinung bekannter Werke wie des Dekamerons, französischer Memoiren des 16. bis 18. Jahrhunderts oder der Novellen Maupassants. Sie waren stark gekürzt worden, nur das Erotische oder das, was zu erotischen Szenen führte, war stehengeblieben. Das Kunstwerk war, um mit Klemperer zu sprechen, dabei „zum Teufel gegangen"; die Neuausgaben stellten eine kontinuierliche „Versündigung am Geist der Autoren" dar. Ebenso verhielt es sich mit den beigefügten Bildern. Klemperer blieb unter den einschlägigen Verlagen die Berliner Firma Borngräber im Gedächtnis.[119]

Klemperer erinnerte unter den ersten Eindrücken, die er im Juli 1916 in Kowno aus der Lektüre der vorhandenen Zensurakten und aus den Gesprächen mit den Mitarbeitern des Buchprüfungsamtes zum Buchhandel im besetzten Ostgebiet gewonnen hatte: „Die Berliner Firma Stilke, deren Chef irgendwo als Rittmeister einen guten Verwaltungsposten bekleidete, hatte eine Reihe von Feldbuchhandlungen eingerichtet und besaß fast ein Einfuhrmonopol für Ober-Ost."[120]

Die Eingabe an das preußische Kriegsministerium wegen eines Verzichts auf eine besondere Einfuhrgenehmigung für das Militärverwaltungsgebiet blieb ergebnislos – übrigens ebenso wie die Wünsche nach einer für alle Generalkommandos verbindlichen einheitlichen Militärzensur, die der Börsenvereinsvorstand erhoben hatte. Gegenüber den Kolonialisierungs- und Annexionsplänen der deutschen Politik hinsichtlich der besetzten russischen Gouvernements im Osten sowie den militärischen Strukturen waren die buchhändlerischen Interessen völlig nachgeordnet.

Nicht auszumachen ist, inwieweit die durch den Börsenverein vorgetragenen Wünsche hinsichtlich einer Gleichbehandlung des reichsdeutschen Buchhandels mit der Firma Stilke berücksichtigt wurden. Immerhin konnten, nach den Bestimmungen über die Einfuhr von Druck-Erzeugnissen in das Gebiet des Oberfehlshabers Ost vom 15. April 1917, Einfuhrbewilligungen nicht mehr nur Antragstellern mit Sitz in Ob. Ost, sondern auch im Deutschen Reiche ansässigen Sortimentern bzw. Wiederverkäufern, Verlegern und Kommissionären erteilt werden.[121] In einer Mitteilung der Presseabteilung Ob. Ost, die das *Börsenblatt des Deutschen Buchhandels* am 8. Mai 1917 veröffentlichte, wurde besonderer Wert auf die Feststellung gelegt, dass die Feldbuchhandlungen keineswegs eine Monopolstellung einnähmen.[122]

Neu war zudem, dass die Anträge nicht mehr über die Zentrale in Kowno, sondern direkt an die Buchprüfungsstelle in Leipzig gerichtet werden sollten.

„Die auf den Bestellscheinen vermerkten Bücher sind zunächst nicht mit einzusenden. Soweit ihre Vorlegung zur Prüfung notwendig sein sollte, wird eine besondere Aufforderung ergehen."

Auch das war neu und kann als Versuch gelten, die Zeit zwischen Antragstellung und Entscheidung über die Einfuhrbewilligung zu verkürzen, denn nicht jede der in der Verordnung aufgeführte Druckschrift war in der Deutschen Bücherei vorhanden, sei es, dass sie noch nicht vorhanden war, sei es, dass sie nicht sammelpflichtig war. Ein Vordruck zur Anforderung von offensichtlich in Leipzig nicht greifbaren Titeln durch die Buchprüfungsstelle hat sich in den Unterlagen der Deutschen Bücherei erhalten.

In einer Mitteilung der Presseabteilung Ob. Ost wurde über die Verkürzung des Instanzenwegs, die im Wortlaut nicht eindeutig formuliert war, klargestellt:

„Die Entscheidung über die Einfuhrfähigkeit in das Gebiet Ob. Ost einzuführender Bücher wird nicht mehr vom Buch-

prüfungsamt im Hauptquartier-Ost, sondern vom Buchprüfungsamt Ob. Ost, Prüfungsstelle Leipzig, Deutsche Bücherei, gefällt, ..."[123]

Diese ab April 1917 geltende Veränderung reflektierte
Klemperer übrigens nicht. Nach seinen Erinnerungen blieb
die letzte Entscheidung dem Bupra im Hauptquartier in
Kowno vorbehalten. Freilich war nicht zu übersehen, dass
durch die neuen Ausfuhrbestimmungen in die besetzten
Gebiete neue bürokratische Hürden errichtet wurden, denn
die Voraussetzung für einen Antrag auf Einfuhrbewilligung z. B. nach Ob. Ost war eine zuvor erteilte Ausfuhrer-
laubnis durch das jeweilige Generalkommando, in dessen
Zuständigkeitsbereich der Verlag seinen Sitz hatte.

Aus den in relativ rasch aufeinanderfolgenden neuen
Bestimmungen vom Januar und April 1917 und den offiziellen Erklärungen der Militärverwaltung Ob. Ost dazu lässt
sich mit einiger Sicherheit ableiten, dass in der Zensurpraxis anhaltende Probleme bestanden, die Buchhändler auf
Änderungen drängten, während zum anderen Kontrollen
verschärft und das Kontrollsystem verfeinert wurden. Mit
ausschlaggebend für die vielfältigen Unzulänglichkeiten
dürfte das Beharrungsvermögen der aufgeblähten Militärverwaltung mit ihren Kompetenzüberschneidungen, man-
gelnder Entscheidungswilligkeit und einer sich verselb-
ständigenden Bürokratie gewesen sein. Zudem war
offensichtlich, dass der Verwaltungsapparat nicht bereit
war, Ämter und Stellen wieder aufzugeben, wenn sie einmal eingerichtet waren. Deren militärische Leiter wollten
einen Bedeutungsverlust des Amtes und damit Einschrän-
kung ihrer Befehlsgewalt vermeiden. Die abkommandierten Mannschaften hofften, der Schließung der Dienststelle
und damit einer Versetzung zur kämpfenden Truppe bzw.
an die Front zu entgehen.

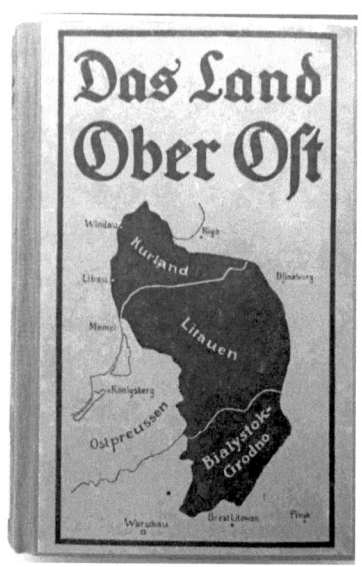

Propagandaschrift der Presseabteilung Ober Ost 1917

Stab des Oberbefehlshabers Ost im August 1915
vorn Generalfeldmarschall Paul Ludwig Hans Anton von Beneckendorff und von
Hindenburg, links von ihm in der 2. Reihe Generalleutnant Erich Ludendorff

**Neue Verordnung über die Presse im Bereich des Oberbefehls-
habers Ost.** — Die Verordnung über die Presse v. 5. 12. 1915 (unter
Berücksichtigung der Abänderung v. 3. 2. 1916, Ziffer 71, v. 28. 2.
1916, Ziffer 96, v. 3. 3. 1916, Ziffer 122 des Befehls- und Verord-
nungsblatts Ob.-Ost) ist aufgehoben und durch eine neue Verordnung
ersetzt.

Diese neue Verordnung über die Presse v. 10. Juli 1916 bestimmt
im besonderen folgendes:

II. Bücher, Karten und sonstige Druckschriften.

Für die Herstellung, die Herausgabe und die Verbreitung von
Büchern und sonstigen Druckschriften im Gebiete des Oberbefehlshabers Ost und für ihre Zensur gelten die Bestimmungen im gleichen
Sinne wie zu I. Dies gilt auch für die Verbreitung solcher Bücher
und sonstiger Druckvorschriften, die bereits vor dem Jnkrafttreten dieser
Verordnung erschienen waren. Anträge sind an das der Presseabteilung Ob. Ost angegliederte »Buchprüfungsamt Ob. Ost« unmittelbar zu richten.

Nur aus dem deutschen Reichsgebiet dürfen Bücher und Druckschriften eingeführt werden, wenn für diese die Ausfuhr von
dort erlaubt ist. Bücher militärischen und politischen Jnhalts, die nach
dem 31. Dezember 1913 erschienen sind, ferner Bücher für Schule
und Kirche dürfen aber nur eingeführt und verbreitet werden, wenn
das Buchprüfungsamt Ob. Ost, an das solche Anträge zu richten sind,
dies genehmigt.

Zu diesem Zwecke muß der Besteller vom Buchprüfungsamt Ob.
Ost Formulare beziehen, in die er nach Vordruck die Bücher einträgt,
die er einführen will. Die ausgefüllten Formulare sind doppelt und
in deutscher Sprache vorzulegen.

Bücherpakete bis zu 1 kg Gewicht dürfen von nicht reichsdeutschen
Einwohnern durch die Post nur nach den von dieser Behörde herausgegebenen Bestimmungen eingeführt werden.

Jeder Absender muß auf jede einzuführende Sendung und die
Begleitpapiere schreiben: »Nach der Verordnung über die Presse des
Oberbefehlshabers Ost zur Einfuhr in dessen Gebiet zugelassen«, und
seine Unterschrift und Firma darunter schreiben. Absender und Em-
pfänger sind in gleicher Weise für den Jnhalt der Sendung verant-
antwortlich.

Die Strafbestimmungen sind dieselben geblieben, wie in der
früheren Verordnung über die Presse. Übertretung der Verordnung
wird bestraft mit Gefängnis bis zu 3 Jahren und mit Geldstrafe bis
zu 50 000 M, oder mit einer dieser Strafen. Außerdem kann die
Einziehung von Druckerei-Einrichtungen, durch die verbotene Schriften
und Bücher hergestellt sind, und die Beschlagnahme der Schriften und
Bücher, sowie die Schließung solcher Geschäfte, die sich mit dem Vertrieb bzw. der Verbreitung befaßt haben, verfügt werden.

Von seiten des Oberbefehlshabers Ost.

Der Chef des Generalstabes
gez. Ludendorff,
Generalleutnant.

Auszug aus der Verordnung über die Presse vom 10. Juli 1916
mit der Mitteilung der Zuständigkeit des Buchprüfungsamts Ob. Ost
für die Zensur von Büchern, Druckschriften und Karten

Die Prüfungsstelle Ob. Ost Leipzig

Die Deutsche Bücherei und die Militärzensur[124]

In der 25. Sitzung des Geschäftsführenden Ausschusses der Deutschen Bücherei (DB) am 24. Juni 1916 kam eine Anfrage des Oberbefehlshabers Ost zur Sprache, "ob die Deutsche Bücherei eine Prüfungsstelle von Büchern militärisch-politischen Inhalts unterstützen könne".[125] Ausschlaggebend dafür war die für die Militärbehörde verlockende Aussicht, für die Zensur über die Archivexemplare der Deutschen Bücherei einen unmittelbaren und ohne eigenen Beschaffungsaufwand funktionierenden Zugriff auf die aktuelle Buchproduktion zu erhalten. Den Militärzensoren sollten die Neuerscheinungen, deren Einfuhr beantragt war, nach der Bearbeitung durch die Bibliographische Abteilung in den Räumen des Buchhändlerhauses bzw. nach Fertigstellung des Gebäudes in denen der Deutschen Bücherei zur Prüfung zugänglich gemacht werden.

Erstaunlich war, woher die Militärverwaltung im weit entfernten Territorium Ober Ost bereits so genaue Kenntnisse von der Existenz und Arbeitsweise der erst am 3. Oktober 1912 gegründeten Leipziger Einrichtung, die zu diesem Zeitpunkt noch nicht über ein eigenes Gebäude verfügte, erlangt hatte. Sehr wahrscheinlich ist das mit den Verbindungen des aus Leipzig stammenden Berliner Verlagsbuchhändlers Karl Siegismund zu erklären. Siegismund war Mitbegründer der Deutschen Bücherei und nunmehriger 2. Vorsteher des Börsenvereins der Deutschen Buchhändler zu Leipzig, über ihn war die Anfrage des Oberbefehlshabers Ost gelaufen. Siegismund besaß verwandtschaftliche Beziehungen zur preußischen Generalität: Sein Schwager, General der Infanterie Otto von Below, war von 1914 bis 1916 als Befehlshaber einer Armee an den Kämpfen im Osten beteiligt.[126]

Siegismund wies vor der Abstimmung im Geschäftsführenden Ausschuss auf den Vorteil hin, dass auf der anderen Seite auch die Buchhändler dadurch schnell unterrichtet seien, welche Bücher nach Ober Ost eingeführt werden durften[,] und dass die so erfolgende „[…] rasche Freigabe den Vertrieb der Bücher nicht hemmt".[127] Der Antrag wurde einstimmig genehmigt.

Die „Buchprüfungsstelle Ob.-Ost in Leipzig", wie die Zensurbehörde firmierte, bestand bis zum 30. September 1918. Im Tätigkeitsbericht der Deutschen Bücherei für das Jahr 1916/1917 wurde die Öffentlichkeit über die Militärzensureinrichtung in der Bibliothek informiert, deren „ziemlich lückenlosen Bücherbestände" dem Buchprüfungsamt als vollständige Unterlage für dessen Zensurarbeit gedient hätten.[128] (Wie die Praxis zeigen sollte, war diese Annahme zu optimistisch, denn es mussten schon nach wenigen Jahren erhebliche Lücken konstatiert werden.)

Der bereits erwähnte Leiter des Presseamtes Ober Ost, Hauptmann Friedrich Bertkau,[129] kam daraufhin selbst nach Leipzig, um sich persönlich um die Auswahl der Räume für das Buchprüfungsamt des Oberbefehlshabers Ober Ost in Leipzig zu kümmern. Direktor Dr. Wahl sagte ihm am 18. Juli drei bis vier Räume des Neubaus zu, die nicht zu weit von den Magazinen liegen sollten.[130]

Bei dieser Gelegenheit deutete Bertkau, weit über seine Zuständigkeit hinausgehend, den Wunsch an, die gesamte militärische Zensur der ins Feld und in das besetzte Gebiet auszuführenden Bücher und Zeitschriften in Leipzig zu zentralisieren, wobei es zunächst jedoch nur um das Gebiet des Oberbefehlshabers Ost ginge. In der 26. Sitzung des Geschäftsführenden Ausschusses am 16. August 1916 berichtete Arthur Seemann, dass inzwischen auch das Generalkommando des XIX. Armeekorps – mit Sitz in Leipzig und zuständig für Sachsen – wegen einer Zensurstelle an ihn herangetreten, wobei der Gedanke aufgetaucht sei, ob nicht alle Generalkommandos an einer Stelle ein heitlich prüfen könnten. In diesem Zusammenhang berichtete Arthur Seemann über Beschwerden des Buchhandels: „In einer Besprechung mit Kommissionären habe sich gezeigt, dass diese sich durch Zensurschwierigkeiten und Einfuhrbedenken in die Etappengebiete beschwert fühlen. Jedes Generalkommando teile dem andern ein Urteil mit und jedes Urteil könne anders ausfallen. Es sei eine ungeheure Vergeudung von Arbeitskraft und Arbeitszeit. Diese Zensur sollte vereinheitlicht und damit vereinfacht werden."[131]

Diese Wünsche des Buchhandels übermittelte Seemann an Bertkau, der ja bei seinem Besuch in Leipzig selbst eine derartige Möglichkeit angedeutet hatte, und bat ihn, „... auf Vereinigung der Stellen hinzuwirken".[132] Auch Karl Siegismund hatte an Besprechungen zwischen dem Kriegsministerium, dem preußischen Kultusministerium und dem Generalstab in Berlin über eine Konzentration und Vereinheitlichung der Militärzensur teilgenommen, musste aber konstatieren, dass eine Eingabe des Börsenvereins an das Kriegsministerium und das Kultusministerium nicht zum Ziele führen werde.[133] Offensichtlich besaßen die Verlagsbuchhändler keine genauen Kenntnisse der – wie bereits erwähnt – hauptsächlich auf die Tagespresse orientierten bisherigen Zensurpraxis und speziell der seit Oktober 1914 angestrengten Versuche, etwa mit der Einrichtung einer Oberzensurstelle die Zensur zu vereinheitlichen. Diese besaß jedoch lediglich koordinierende Funktionen ohne das Recht verbindlicher Anordnungen; die jeweiligen stellvertretenden Generalkommandos blieben in ihren Entscheidungen unabhängig.[134] Eine Zusammenführung der (Buch-)Zensurstellen nach dem Vorschlag der Buchhändler wurde nicht realisiert; die Leipziger Stelle blieb ausschließlich für Ober Ost zuständig. Beziehungen zur Zensurstelle des XIX. Armeekorps bestanden nicht. Die Einheitlichkeit der Druckschriften betreffenden Zensurmaßnahmen sollte nach den Vorgaben des Kriegsministeriums, des stellvertretenden Generalstabs und der Oberzensurstelle herbeigeführt werden durch den Austausch von Listen der Verbote zwischen den stellvertretenden Generalkommandos, durch Anfrage bei den Behörden des Erscheinungsorts und durch „Kenntlichmachung der zur Ausfuhr zugelassenen Druckschriften durch unverfängliche Zeichen, die gegenseitig bekanntzugeben sein würden".[135]

Erster Leiter der Leipziger Buchprüfungsstelle war der bereits erwähnte Hauptmann der Landwehr Prof. Dr. Adolf Neumann-Hofer (1867–1925), Zeitungsverleger aus Detmold und linksliberaler Reichstagsabgeordneter (Fortschrittliche Volkspartei).[136] Da die 1914 begonnene Errichtung eines Gebäudes für die Deutsche Bücherei noch nicht abgeschlossen war, begann man in deren provisorischem Domizil Ende Juli 1916 die Zensurtätigkeit im Deutschen Buchhändlerhaus im östlichen Flügel der Wandelhalle am Gerichtsweg[137]. Die Postanschrift lautete bis zum Umzug an den Deutschen Platz „Buchprüfungsstelle des Oberbefehlshabers Ost in Leipzig, Deutsches Buchhändlerhaus, Portal II rechts"; im *Leipziger Adreßbuch* war die Deutsche Bücherei des Börsenvereins der Deutschen Buchhändler unter der Anschrift Gerichtsweg 26 zu finden, während die Anschrift der Zensurstelle mit der der Bibliographischen Abteilung des Börsenvereins identisch war.[138]

Der Anfang August vom Kownoer Buchprüfungsamt nach Leipzig abkommandierte Victor Klemperer erinnerte sich nach seinem Dienstantritt am 7. August 1916 lediglich an zwei im Buchhändlerhaus absolvierte Arbeitstage.[139] Dann zog die Buchprüfungsstelle in das neue Gebäude an den Deutschen Platz um. Klemperer berichtete, dass der Bau der Bibliothek „[...] wo noch rings um uns leidenschaftlich gehämmert, gescheuert, gemalt und gemauert wurde, denn vieles sah noch unfertig aus [...]", noch nicht offiziell eröffnet worden war.[140] Wahrscheinlich nahmen die Angehörigen der Buchprüfungsstelle an der Eröffnungsfeier der Deutschen Bücherei am 2. September 1916 teil,[141] zumindest ist ihr Leiter Neumann-Hofer auf dem

Foto der Einweihungsfeier im großen Lesesaal zu erkennen. In einem wenige Tage danach erschienenen Artikel im *Berliner Tageblatt* bezeichnete Klemperer die neue Bibliothek als einen „Palast" des deutschen Buches und als ein „wohleingerichtetes Bücherschloß".[142]

Im Jahresbericht der Bibliothek wurde mitgeteilt: "Der Ostflügel des zweiten Obergeschosses ist seit Juli 1916 dem Buchprüfamt Leipzig beim Oberbefehlshaber Ost zur Verfügung gestellt."[143]

Für die der Militärzensur überlassenen Räume wurde keine Miete erhoben.[144] Unter „Buchprüfungsamt Obrst." war die Zensurstelle auch im Leipziger Adressbuch (unter der Straße des 18. Oktober) 1917 und 1918 zu finden.[145] Die der Militärzensurstelle überlassenen Räumlichkeiten der Bibliothek – zunächst die Räume 169, 169a, 170a, dann 174, 174a, 175 – boten dieses Bild:

> „Zwei stattliche Zimmer und ein langmächtiger Saal wurden der Prüfstelle zugewiesen. Der Saal wirkte in seiner Kahlheit besonders groß: Vor fünf hohen, nackten, weit voneinander entfernten Fenstern, die auf typischen Großstadtrand blickten, auf Laubengelände, Gasanstalt und Maschinenhalle[146], standen fünf breite Tische, und das war die ganze Einrichtung."

Zur Zensurstelle gehörten nach Klemperer unter dem Kommando eines Hauptmanns – nach Neumann-Hofer vorübergehend Leutnant Ernst Landt und zuletzt Heinz Tovote – fünf Zensoren sowie als Verwaltung ein Feldwebel, ein Unteroffizier und eine Ordonnanz.[147] (Das Bupra beschäftigte nach Bertkau insgesamt vier Offiziere und 39 Unteroffiziere und Mannschaften.)[148] Der „Saal" war den Zensoren vorbehalten. In dem einen der kleineren Zimmer war die „Verwaltung" untergebracht: Feldwebel Mayer „mit dem vom Kieferschuß verzerrten Mund", der „immer theatralische" Unteroffizier Mohr und die Ordonnanz Blum „mit dem blassen, aufgeschwemmten Kindergesicht". Ein Raum war für den leitenden Offizier der Prüfstelle bestimmt.

> „Der dritte Raum war schon ganz so eingerichtet, wie es sich für ein Chefzimmer geziemt, mit schwerem Sofa, schwerem

Tisch und Klubsessel, sogar ein Teppich war schon über den Linoleumboden gelegt."[149]

Neumann-Hofer hatte an der eigentlichen Zensurtätigkeit nach den Aussagen Klemperers so gut wie keinen Anteil. Er war nur äußerst selten in Leipzig anwesend – im Winter 1916/17 nach Klemperers Erinnerung nur einmal. Vor dem Eintreffen Neumann-Hofers in Leipzig fungierte ein Offiziersstellvertreter, Dr. Rößler, als Ansprechpartner der Bibliotheksleitung. Dieser bemühte sich Anfang August 1916 intensiv darum, nicht näher bezeichnete Missverständnisse wegen der von Wahl und Seemann empfundenen Missachtung der getroffenen Absprachen seitens der Prüfungsstelle auszuräumen.[150]

Klemperer war der einzige Zensor, der an der Front gewesen war, nun aber wegen seiner schlechten gesundheitlichen Verfassung nicht felddiensttauglich war. Welche Bedeutung die Aussicht auf einen Einsatz in der Bibliothek fern der Front oder Etappe besaß, lässt die Reaktion des ebenfalls nach Leipzig abkommandierten Friedrich Gerischer erkennen. Hatte er sich noch im März 1916 danach gesehnt, „fruchtbringende Arbeit in der DB zu leisten", anstatt Anklageverfügungen und Haftbefehle des Gerichts der 123. Infanteriedivision abzuschreiben,[151] hieß es in seinem Brief vom 24. Juli an den Direktor der Deutschen Bücherei, Dr. Gustav Wahl:

„Eine große freudige Überraschung wurde mir zuteil, als ich durch den Herrn Kriegsgerichtsrat erfuhr, ich sei vom Oberbefehlshaber Ost für das Buchprüfungsamt in Leipzig erbeten worden, und dass diesem Gesuch stattgegeben wurde, ich also den Marsch nach Leipzig anzutreten habe. Ich glaube nun nicht fehl zu gehen, wenn ich hinter diesem ‚Wunder' Sie als deus ex machina vermute. Ehe ich daher den französischen Kriegsschauplatz verlasse, drängt es mich, Ihnen von Herzen für die so freundlichen Bemühungen um mich zu danken."[152]

Er werde von allen Kameraden ausnahmslos beneidet. Gerischer wurde nach den Angaben seines Militärpasses mit Wirkung vom 25. Juli 1916 zum Buchprüfungsamt Oberbefehlshaber Ost, Zweigstelle Leipzig versetzt.[153]

Max Ton, der seit 1. Oktober 1913 in der Deutschen Bücherei als Büchereigehilfe tätig gewesen und im Dezember 1915 einberufen worden war, arbeitete gleichfalls als Soldat in der Leipziger Buchprüfungsstelle.[154] Es wurde festgelegt, dass die beiden abkommandierten ehemaligen Büchereigehilfen von 9.00 bis 12 Uhr die benötigten Bücher für die Zensoren aus dem Magazin zu holen und in deren Zimmer zu befördern hatten.[155] Gerischer, der als gelernter Buchhändler seit Januar 1914 als Büchereigehilfe in der DB tätig gewesen und im Juli 1915 einberufen worden war, erinnerte:

> "Aus dem Sommegebiet rief mich dann ein Kommando in das inzwischen fertiggestellte neue Haus der Deutschen Bücherei, dessen Einweihungsfeier am 2. September 1916 ich als Soldat beiwohnen durfte. Mein Kommando beim Buchprüfungsamt Oberost führte mich bis Oktober 1918 Tag für Tag in das schöne Haus am Deutschen Platz."[156]

Klemperer schildert rückblickend:

> „Der ruhige, etwas bedrückte Gehrischer [sic!] endlich war Angestellter der Deutschen Bücherei und konnte nur einen Teil seiner Dienststunden auf die Zensortätigkeit verwenden. Meist war er auf Suche, bald im Katalogzimmer oder den Bibliothekssälen, bald am Telefon oder unterwegs. Die Arbeit der Prüfungsstelle war nämlich derart organisiert, dass die Zentrale ihre Forderungslisten unzensurierter deutscher Bücher übersandte. Dabei handelte es sich zumeist um neuere oder ganz neue Erscheinungen. Nun enthielt die Deutsche Bücherei grundsätzlich alles, was in Deutschland seit dem 1.1.1900 [sic!] erschienen war, und der deutsche Buchhandel hatte sich verpflichtet, ihr von allen weiteren Veröffentlichungen Exemplare zukommen zu lassen. Aber ganz fertig war sie im August 1916 auch wohl in ihrem eigentlichen Bibliothekswesen noch nicht, auch griffen manche Bestellungen hinter das Jahr 1900 zurück, und Gehrischer, der für die Heranschaffung des Zensurstoffes sorgte, [...] hatte also wesentlich mehr und weniger glatte Arbeit zu leisten als sonst ein im Leihverkehr beschäftigter Bibliothekar."[157]

Abgesehen davon, dass Klemperer in der Erinnerung den Sammelbeginn der Bibliothek aus dem Jahre 1913 auf 1900 zurückverlegte,[158] deckt sich seine Beschreibung mit der von Direktor Wahl festgelegten Aufgabenstellung. Gerischer sei nach Klemperer über die geschilderte Beschaffung von Büchern hinaus den Rest des Tages als Zensor für Belletristik tätig gewesen. Erstaunlich ist, dass der zweite zum Militär eingezogene Mitarbeiter der DB, Max Ton, in Klemperers Rückblick nicht erwähnt wird. Möglicherweise lag das daran, dass Ton ausschließlich für die Arbeitsabläufe zwischen der Bibliothek und der Prüfungsstelle eingesetzt war und in eventuell verbleibenden Zeiten das Personal der Bibliothek unterstützte. Wenn etwa Bücher bereits in der Bibliographischen Abteilung des Börsenvereins, aber noch nicht an der Bibliothek weitergegangen oder von dort bereits zum Buchbinder gegeben worden waren, standen sie den Zensoren nicht sofort zur Verfügung und ihr Verbleib musste in jedem einzelnen Fall festgestellt werden. So vermerkte Direktor Wahl in einem Falle, in dem ein Werk vom August bis Oktober 1916 gesucht worden war:

„Bei dieser 2. Anforderung hätte sich H. Ton mit dem negativen Ergebnis doch nicht begnügen dürfen, sondern darum bitten müssen, daß das Werk ausgehändigt werde, da es noch nicht beim Buchbinder war."[159]

Es stellte sich bald heraus, dass die offensichtlich von der Prüfstelle betriebene direkte Beschaffung von Büchern zu Konflikten mit den Verlegern führen konnte, wenn sie bereits freiwillig ein Exemplar an die DB abgegeben hatten, dieses aber nicht sofort für die Zensoren bereitgestellt werden konnte. Für Zensurzwecke nicht verfügbare Drucksachen waren aber wohl eher die Ausnahme, denn die Verleger der zu prüfenden Werke hatten ein wirtschaftlich fundiertes Interesse daran, möglichst rasch die Genehmigung zur Einfuhr nach Ober Ost zu erhalten und dürften die betreffenden Titel ohne Verzögerung geliefert haben, wohl gelegentlich auf direkte Aufforderung der Buchprüfungsstelle in Leipzig, worauf ein gedrucktes Formblatt in den Akten und ein dokumentierter Fall der direkten Aufforderung – ausgerechnet an den Mitbegründer der Bibliothek Karl Siegismund – schließen lassen.[160]

Klemperer und Wohrizek galten in der Kownoer Zentrale der Presseabteilung als die beiden Leipziger Hauptzensoren der Buchprüfungsstelle.[161] Die internen Abläufe für die Tätigkeit der einschließlich Gerischer insgesamt fünf Zensoren – folgt man den Angaben von Klemperer – sah die Zuteilung der auf Listen zur Begutachtung vorgegebenen Bücher nach jeweils festen Themengebieten an diese vor: Politische und historische Themen wurden von Wohrizek, einem Rechtsanwalt,[162] und von Klemperer unter Mitarbeit von Schwilgin, einem Zeitungsredakteur, die Belletristik von Ehrlich und Gerischer begutachtet.[163]

Schon kurz nach der Aufnahme der Tätigkeit kam es zu einem ebenso bezeichnenden wie kuriosen Vorfall: Das stellvertretende Generalkommando des XIX. Armeekorps hatte am 9. August 1916 Einfuhr und Vertrieb eines in der Schweiz erschienenen Buchs über die belgische Armee bei der Verteidigung des Landes und der Wahrung der Neutralität verboten und seine Anzeige im *Börsenblatt* untersagt. Die darüber unterrichtete Zensurstelle von Ober Ost in Leipzig hatte das Buch selbst zur Prüfung direkt von der Bibliographischen Abteilung des Börsenvereins erhalten und teilte daraufhin der Bibliothek mit, sie könne das Buch nur unter der Bedingung zurückgeben, dass es während der Dauer des Kriegs grundsätzlich nicht ausgeliehen werden dürfe. Wahl erklärte daraufhin sein Befremden und teilte mit, er habe die Information an die Bibliographische Abteilung weitergegeben.[164] Neumann-Hofer beeilte sich dann am 30. August der DB zu versichern: „Wir werden jedenfalls Bücher, die wir von Ihnen erhalten, Ihnen auch stets unter allen Umständen zurückgeben."[165]

Die von Klemperer vom Beginn seiner Zensorlaufbahn im Sommer 1916 erinnerten grundsätzlichen Vorgaben für das Buchprüfungsamt Ober Ost entsprachen den zentralen Zensurvorschriften.[166] „In Betrachtung über den kommenden Frieden sollten keine übermäßigen Annexionen gefordert werden." Die Kriegszieldiskussion war schließlich insgesamt verboten. Beschimpfung und Verächtlichmachung der Feinde sollte nicht geduldet werden. Weiterhin war der Burgfrieden zu wahren, sofern nicht hetzerisch gegen den innenpolitischen Gegner aufgetreten werde. Der große Spielraum für das subjektive Ermessen des Zensors führte in der Praxis des Prüfungsamts zu stundenlangen Diskussionen „… und oft wurde eine mühsam erwogene Leipziger Entscheidung draußen [in Kowno L. P.] wieder umgestoßen". Für alle Zensurstellen galt auch, dass von einer Verwertung der Nahrungsmittel eroberter Provinzen für Deutschland in keinem Buch und keiner Zeitung die Rede sein dürfe.[167]

Hinzu kamen Grundsätze für die Buchzensur, nach denen sich die Leipziger Prüfstelle zu richten hatte, mit denen der Spezifik des „Landes Ober Ost" Rechnung getragen werden sollte. Da man davon ausging, dass Litauen und das Baltikum dem Reich einverleibt werden könnten, wollte man dessen Bewohner nicht nur beherrschen und disziplinieren, sondern auch für die deutschen Interessen gewinnen, zumindest aber im deutschen Sinne beeinflussen. Jede Propaganda für ein Großpolen sollte unterdrückt werden. Ebenso war alles zu verbieten, was sich mit Gemeinsamkeiten der Vergangenheit zwischen Polen und Litauen befasse. Klemperer fasste die Richtlinien für den Zensor in Leipzig knapp wie folgt zusammen:

„Ich blätterte und war im Nu an der Stelle angelangt, die über das Ober-Ost-Schicksal der Bücher entscheiden musste. Wenn er [der Autor L. P.] irgendwo Großpolen forderte oder für Annexionen eintrat oder die Sozialisten beschimpfte oder die Konservativen beschimpfte oder Belgien annektieren wollte, dann musste es in diesem Abschnitt geschehen, und wenn er hier maßvoll blieb, dann war er es überall und konnte freigegeben werden."[168]

Die für jedes Buch anzufertigenden Gutachten enthielten einen Entscheidungsvorschlag des Zensors darüber, ob das Werk zur Einfuhr zugelassen wurde – „Unbedenkliche Abhandlung: freizugeben" – oder zu verbieten war. Die Gutachten selbst wurden vom Leiter der Prüfstelle unterzeichnet und an die Presseabteilung Ober Ost geschickt.

Dort wurden die Entscheidungen endgültig bestätigt oder auch aufgehoben und gegenteilig entschieden.

Auf einen recht schmalen Ausschnitt der ihm als Zensor vorgelegten und problematischen Titel ging Klemperer etwas näher ein. „Großpolnische Ambitionen" sah er in einer Broschüre, die er deshalb zunächst verbot. Auf der aktuellen Liste war das das einzige Verbot und es stand zu befürchten, dass Neumann-Hofer, um den Text selbst zu lesen, die Weiterleitung nach Kowno verzögern würde. Unteroffizier Mohr verwies auf die Interessen des Buchhandels und hielt Klemperer vor: „Darüber kommt den Leuten in Ober-Ost alles um Wochen später zu. Zu spät für den Weihnachtsverkauf." Daraufhin änderte Klemperer seine Empfehlung in „freizugeben".[169]

Die von Klemperer geschätzte Darstellung des dänischen Autors Rudolf Kjellén über die Großmächte der Gegenwart musste Klemperer verbieten, „weil hier die Nationalitätenschwäche Österreichs allzu kraß hervortrat."[170] Freigeben konnte er dagegen Friedrich Meineckes Sicht auf die Probleme des Weltkriegs, weil hier Österreich als Schutzwall Deutschlands gegen Russland betrachtet wurde.[171]

Klemperer erinnerte sich als thematisch neu an eine Veröffentlichung, die kurz vor dem Kohlrübenwinter 1916/17 erschien, und in der der Verfasser darlegte, wie gesund es sei, dass nach der Luxusernährung vor dem Kriege nun weniger und gesünder gegessen werde. Wenn sich alle dem Staatswohle entsprechend verhielten, werde es auch in Zukunft keinen Nahrungsmangel geben.[172] Auch eine Betrachtung des Kriegs „im Licht der Bibel" lief auf die Prophezeiung eines geläuterten deutschen Siegs hinaus.[173]

Krasse Beispiele für 1917 in Kowno unter dem neuen Leiter des Buchprüfungsamts Hauptmann Kleinerk – „... ein doktrinärer und konservativer Schulmann ..."[174] – aufgehobene Verbotsempfehlungen Klemperers bzw. der Leipziger Dienststelle waren drei Veröffentlichungen, in denen staatliche Sanktionen zugunsten der Kirche, der Austausch der im Posener Gebiet lebenden Polen durch Deutsche oder in denen Houston Stuart Chamberlain den deutschen Reichstag und dessen Mitglieder als „Schule des Ekels" verächtlich machte und forderte, völkisches Handeln an dessen Stelle zu setzen.[175] Klemperer kommentierte sarkastisch: „Wenn aber jemand pazifistische Neigungen zeige, erinnerte man sich in Kowno nicht des Urchristentums, sondern hielt sich strikt an die Richtlinien der Ober-Ost-Zensur."[176]

Ein besonderer Fall war eine Schrift, deren Verfasser, Georg Fritz, den schroffsten, auf dem Rassegedanken basierten Antisemitismus vertrat und sich sowohl gegen Ostjuden als auch gegen die Juden im deutschen Reich richtete, diese als rassisch minderwertig bezeichnete und die Schließung der Grenzen für die Zuwanderung von Ostjuden verlangte. Klemperer konstatiert bitter, er habe nach den geltenden Zensurbestimmungen keinen Grund gehabt, diese Publikation zu verbieten, obgleich ihm bewusst war, dass er „Gift" passieren lassen musste.[177]

So lag die Frage nahe, welchen Sinn die gesamte Zensureinrichtung habe, wenn offensichtlich gegen Zensurbestimmungen verstoßende Titel erlaubt und eine derartige antisemitische Publikation freigegeben werden musste. Die geschilderten Fälle hätten aber nur etwa ein Zehntel der zu beurteilenden Texte ausgemacht, so dass sich sein Verdruss in Grenzen gehalten habe.

Vom Zensor zum (Zensur-)„Automaten"

Es ist interessant, wie sich die Haltung Klemperers als Zensor Stück für Stück veränderte. Er stilisierte sich im September 1916 als Mitkämpfer der unter Trommeln und Pfeifen an die Front ausziehenden Kameraden, die er am Abend auf der Straße gesehen habe.[178] Hatte er anfangs die ihm zugeteilten Texte „mit voller Hingabe" und Seite für Seite gelesen und sich Notizen mit Leseempfehlungen angefertigt, stellte er nach etwa einem Monat fest, dass es nur eine sehr begrenzte Themenzahl gab und dass die „Walzen", nach denen die Autoren ihre Texte abfassten, sich je nach politischer Meinung auf zwei bis drei beschränkten. Klemperer erinnerte sich:

> „Ich bekam eine artistenhafte Geschicklichkeit in dem, was ich ‚mit dem Daumen lesen' nannte. Ich blätterte und war im Nu an der Stelle angelangt, die über das Ober-Ost-Schicksal der Bücher entscheiden musste."

Schließlich nahm er in der dritten Phase nichts mehr von der Zensurlektüre in sich auf, er blieb vollkommen unbelastet.

> „Das war kein Verstoß gegen meine militärische Pflicht, ich arbeitete jetzt für die Zensur rein maschinell, und Verbot und Freigabe kamen so ordentlich aus mir heraus wie Schokolade und gebrannte Mandeln aus einem Automaten."[179]

Hinzu kam, dass nach den ersten Monaten, als die rückständigen Zensurarbeiten erledigt waren, die Zahl der zu prüfenden Titel stark zurückging, an manchen Tagen überhaupt keine Bestellliste aus Kowno eintraf. „… es hat Stunden gegeben, in denen das gesamte Amt, Vorgesetzter und Mannschaften, die Länge des Lektorensaals benutzte, um mit einem Luftgewehr nach der Scheibe zu schießen …"[180]

Die Zensurstelle in Leipzig blieb in der Folgezeit in unveränderter Personalstärke bestehen, ungeachtet mehrfach wiederkehrender gegenteiliger Befürchtungen der Betroffenen. Freilich mussten ihre Mitarbeiter für sich persönlich auch noch stets fürchten, dass sie wegen der schweren Verluste in einer der laufenden Überprüfungen – das sog. Auskämmen des nicht aktiv eingesetzten Militärpersonals – „kv" (kriegsverwendungsfähig) befunden und an die Front geschickt würden. Eine Kommission zur Nachuntersuchung, vor der die Buchprüfungsstelle stand, habe wirklich schnell und „wie eine Guillotine" gearbeitet.[181] Auch Klemperer wurde zum 1.4.1918 kv befunden. Bei ihm wie bei den anderen Angehörigen der Leipziger Prüfstelle reklamierte das Presseamt von Oberost seine Mitarbeiter erfolgreich. Klemperer wurde schließlich zum

Ende Juli 1918 von seiner Ersatzbatterie in München angefordert; eine Rückkehr nach „Max-II" und am Ende der Fronteinsatz drohten.

Im September 1918 kündigte sich das Ende der Leipziger Dienststelle an.

„Am 15. September, eine Woche vor Ablauf meines Urlaubs, kam endlich ein Brief vom Amt in Leipzig. Er war geheimnisvoll. Der kleine Feldwebel Mayer teilte mir mit, daß die Prüfstelle Leipzig ,demnächst' aufgelöst würde, und über die weitere Verwendung ihrer Mannschaft stehe Befehl noch aus."[182]

In die Leipziger Zeit fiel am 27. Januar bzw. am 22. September 1917 die Beförderung Klemperers zum Gefreiten bzw. „etatmäßig" zum Unteroffizier.[183] Der in Leipzig diensttuende Unteroffizier Klemperer erhielt in diesem Jahr auch den Bayerischen Militärverdienstorden (auch Militärverdienstkreuz), III. Klasse mit Schwertern.[184] Die formlose, beiläufige Übergabe der Auszeichnung schilderte Klemperer so:

„ … am Ende der Woche, als Neumann-Hofer zwischen zwei Berlinfahrten eiligst sein Leipziger Amt besucht … und sich gerade zum Gehen gewandt hatte, stieß er in der hastigen Bewegung an die Schreibtischkante, und dabei knackte etwas in seiner Tasche, als wenn eine Schachtel zerbräche. Er griff mit der Hand hinein und förderte ein lädiertes Etui zutage. ,Ach Gott', sagte er mit liebenswürdigem Lachen, ,das habe ich ja schon vierzehn Tage bei mir, entschuldigen Sie nur, also schönsten Glückwunsch, ich darf den Zug nicht versäumen.' Damit war er hinaus, und dies war der feierliche Akt der Ordensüberreichung gewesen."[185]

Klemperer habe sich über die Auszeichnung mehr gefreut, als er es vor sich selbst wahrhaben wollte, räumte er rückblickend ein. So ist auch die Erwähnung in einem Brief an Karl Vossler vom 7. April 1917 zu bewerten: „Daß ich die militärischen Ehren der Gefreitenknöpfe u. des bayr. Verdienstkreuzes III Kl. mit Schwertern erhalten habe, erzählte ich Ihnen wohl schon einmal?"[186]

Nachdem das Buchprüfungsamt Ob. Ost am 1. September 1918 aufgelöst worden war, wurde die Leipziger

Buchprüfungsstelle zum 1. Oktober geschlossen.[187] Als Klemperer am 4. Oktober aus dem Urlaub aus München kommend in Leipzig eintraf, teilte ihm der Portier der Deutschen Bücherei mit, das Buchprüfungsamt sei aufgelöst.[188] Die Zensoren waren ab 1. Oktober 1918 nach Wilna (Vilnius) zur Presseabteilung des Militärgouvernements Litauen abkommandiert, wie es für Klemperer, Wohrizek, Feldwebel Mayer und Gerischer überliefert ist.[189] Klemperer traf am 6. Oktober in Wilna ein.

Gerischer teilte am 21. November 1918 von dort der Bibliothek mit, er rechne fest damit, Beginn des neuen Jahres seine Tätigkeit wieder antreten zu können. Nach einer erneuten Bewerbung wurde er wieder an der DB angestellt.[190] Ton war dagegen nach Kowno versetzt worden. Er bewarb sich Anfang 1919 nach seiner Rückkehr ebenfalls neu, wurde aber von der Bibliothek nicht wieder eingestellt.[191]

Deutsche Buchhändlerbörse, Hospitalstraße (heute: Prager Str.) 11
Ecke Gerichtsweg 26, wo die Deutschen Bücherei provisorisch untergebracht war

Deutsche Bücherei,
rechts im Hintergrund St. Alexei Gedächtniskirche zur Russischen Ehre
Einweihung des Bibliotheksgebäudes am 2. September 1916

Vordruck eines Anschreibens der Buchprüfungsstelle Ob.-Ost

Adolf Neumann-Hofer
Hauptmann, erster Leiter der
Buchprüfungsstelle Leipzig

Heinz Tovote
Hauptmann
Nachfolger Neumann-Hofers

Die Klemperers und Leipzig

„Erst bietet es gar nichts, nachher alles." Begegnungen, Anregungen und Heimischwerden

Das Ehepaar Klemperer war 1910 erstmals mit Leipzig bei einer Droschkenfahrt vom Berliner zum Bayrischen Bahnhof sehr flüchtig in Berührung gekommen. Die Stadt – die 1910 nach Berlin, Hamburg und München mit fast 600.000 Einwohnern viertgrößte des Deutschen Reichs – habe den Eindruck einer zwar „großen und belebten, aber so trostlos nüchternen Häuseransammlung" gemacht, „... daß ich sechs Jahre später meiner Frau die an sich erfreuliche Nachricht mit den Worten überbrachte: ‚Erschrick nicht, wir müssen nach Leipzig.'"[192]

Das war kein guter Ausgangspunkt für eine Beziehung zu einem auch nicht freiwillig gewählten Aufenthaltsort. Davon unabhängig gab es etliche Faktoren, die Versetzung als erfreulich anzusehen. Victor war weit weg von den Kampfhandlungen. Hinzu kam, dass er nicht in einer Kaserne nächtigen musste, sondern sofort die Genehmigung erhielt, privat wohnen zu dürfen. Damit war die Übersiedlung von Eva Klemperer nach Leipzig und das gemeinsame Wohnen des Paares möglich, im Krieg für einen Soldaten und dessen Ehepartnerin alles andere als gewöhnlich.

Insgesamt vier Leipziger Wohnadressen als Untermieter sind dem *Curriculum* zu entnehmen. Sie lagen alle in ehemaligen Vorstädten am östlichen, südlichen oder westlichen Rand des Leipziger Zentrums. Die Klemperers wohnten anfangs zur Untermiete bei der Witwe Agnes Bartels in der Hospitalstraße (heute Prager Straße, dieser Teil noch Zentrum-Südost) 16. Diese Unterkunft lag nicht nur im Hinblick auf den Arbeitsweg – zumindest am Anfang – überaus bequem, denn Klemperer musste nur die Straße überqueren und wenige Schritte stadtauswärts die

Hospitalstraße entlang in Richtung Gerichtsweg zurückle-
gen, um zum Buchhändlerhaus zu gelangen. Eva Klemperer verbrachte zudem auf dem gegenüberliegenden alten
Johannisfriedhof, der nicht mehr für Bestattungen benutzt
wurde, manche ruhige Sommer- und Herbststunde.[193] Danach waren die Klemperers Gäste in der Pension Fritz,
Inhaberin Clara Nammacher, Salomonstraße 25a (Zent-
rum-Ost), wohnten anschließend in der Dufourstraße 2
(Zentrum-Süd) zur Untermiete bei dem Dentisten Georg
Zschelletzschky und zuletzt in der Reichelstraße 16 (Zent-
rum-West) zur Untermiete bei Anna Streller, „... Schnei-
derin mit Kunstinteresse, Witwe eines Kunsthandwerkers,
Mutter eines Zeichners, der für die ,Leipziger Illustrierte'
arbeitete ..."[194]

Klemperer war – nachdem Eva und er 1910 auf einem
der kleineren Vorgängerbahnhöfe angekommen waren –
vom neuen Leipziger Hauptbahnhof sehr angetan. Der
flächenmäßig größte Kopfbahnhof Europas war 1909 begonnen und ein Jahr vor Klemperers Ankunft im Jahre
1915 fertiggestellt worden.[195] Für Klemperer war der
Bahnhof – gemeinsam mit dem nach Plänen von Alfred
Messel 1896/97 begonnenen größten europäischen Warenhaus, dem Kaufhaus Wertheim in Berlin[196] – eines der
ersten architektonischen Merkmale des 20. Jahrhunderts:
„... überall licht und hoch, einfach und zweckmäßig und
mächtig, sie waren schön durch reine Zweckmäßigkeit, sie
dienten einer flutenden Masse."[197]

Der zweite stadtbaulich erwähnte Komplex war in der
Erinnerung Klemperers der „Sternzipfel der Wissen-
schaft"[198]. Gemeint war damit das außerhalb des alten
Stadtzentrums im Südosten zwischen Nürnberger Straße,
Carolinen-/Paul-List-Straße, Waisenhaus-/Liebigstraße,
Johannisallee und Windmühlenweg/Philipp-Rosenthal-
Straße entstandene städtische Quartier der Universitätskli-
niken und -institute, das in der Lokal- und Universitätsge-
schichtsschreibung in Analogie zum Buchhändler- und
Musikviertel seit 1914 Medizinisches Viertel genannt

wird.[199] Am Ende dieses „Zipfels" verortete Klemperer seine zukünftige Arbeitsstätte in der Deutschen Bücherei, mit deren Bau 1914 begonnenen worden war und die bei seiner Ankunft in Leipzig kurz vor ihrer feierlichen Einweihung stand, die dann am 2. September, dem sog. Sedantag, dem Erinnerungstag an den siegreichen Deutsch-Französischen Krieg, erfolgte.

In der Innenstadt, dem alten Stadtkern, imponierten ihm die „amerikanisierenden" Meßpaläste, die mit dem Übergang von der Waren- zur Mustermesse entstanden waren.

> „So wie der alte Pleißeturm vom neuen Rathaus umringt war, so schminkte das neue Leipzig das alte ab; aber nüchtern und nun gar kleinlich konnte man das Neue gewiß nicht nennen, es hatte Gewalt. Und wie der Pleißeturm überall sichtbar blieb, so gab es auch noch sehr gehegte alte Häuser."[200]

Klemperer beeindruckte immer das starke Arbeitsleben der Stadt, „die großen neuen Bauten waren nicht in sie hineingesetzt, sondern aus ihr hervorgewachsen, sie wurden pausenlos und sichtbar von diesem Leben durchspült".[201] Dazu kamen die lebhaften Eindrücke, die das geschäftige Treiben der Leipziger Messen hinterließen: Klemperer sprach von einer großen allgemeinen Flut der Messe. Und wiederholte seine Tagebucheintragung: „Die Flutwelle der Messe hat sich verlaufen, und es ist doch keine Ebbe eingetreten. Leipzig kennt keine Ebbe."[202] Das „Schein- und Krampfhafte" der Kriegsmessen mit dem hohen Besucheranteil bei allgemeinem Angebotsmangel auf der Ausstellerseite wurde ihm erst nachträglich klar, zunächst erschienen sie ihm „wahrhaft bedeutend".[203]

Von den anderen Schwerpunkten der Stadt lernte Klemperer zuerst naturgemäß den buchhändlerischen kennen – lag doch seine erste Leipziger Dienststelle im Buchhändlerhaus in der Hospitalstraße (heute Prager Straße), dem Sitz des Börsenvereins der deutschen Buchhändler zu Leipzig, mitten in diesem Buchhändler- oder Graphischen Viertel der Stadt, und auch die ersten beiden Wohnungen der Klemperers in der Hospital- und in der Salomonstraße befanden sich dort. Das Haus Hospitalstraße 16, in dem Klemperer und seine Frau zuerst zur Untermiete wohnten, gehörte einer der großen Kommissionsbuchhandelsfirmen, der Firma F. Volckmar, in unmittelbarer Nähe des Firmensitzes in der Hospitalstraße 10.[204]

An der Villa der Familie Brockhaus in der Salomonstraße 17 vorbei führte der Weg die Klemperers zur Pension Fritz in der Hausnummer 25a. So heißt es bei Klemperer:

> „Die Salomonstraße … lag dicht am zentralen Geschäftsviertel, war auch selber schon leicht cityisiert durch den Verlagshandel – so befand sich dicht neben uns in einem Mittelding zwischen Villa und antikisierendem Schloß die Firma Brockhaus, woran sich rückwärts ein ganzer Block von Druckerei- und sonstigen Betriebsbaulichkeiten schloß –, bewahrte aber noch durchaus das Wesen einer vornehmen asphaltierten Villenstraße mit gepflegten Vorgärten und mit alten Bäumen an den Rändern der Bürgersteige."[205]

Nähere Informationen zum Buchhandel und der Spezifik Leipzigs erhielt er auch durch die beiden in der Prüfungsstelle tätigen Leipziger Gerischer und Ton, die er übrigens als Buchhändler und nicht als Bibliothekare wahrnahm.

Schließlich entdeckte Klemperer durch einen Hinweis des in Leipzig ansässigen Mitzensors, des Rechtsanwalts Dr. Erich Wohrizek [206], den Pelzhandel:

> „… und nun bekam ich Augen für den Brühl, wo die Ostjuden in schweren seidenen Kaftanen auf offener Straße ihre großen Geschäfte abschlossen."[207]

Es ist deutlich, dass die bleibenden Eindrücke Klemperers vom Handel, der Wissenschaft und der Kunst in Leipzig geprägt waren. Sieht man von der Buchherstellung im Graphischen Viertel ab, blieb ihm das industrielle Leipzig verborgen, etwa im Westen die typischen Industrie- und Arbeiterwohnbauten in Plagwitz oder Lindenau, aber auch im Nordosten die in Reudnitz und Anger-Crottendorf.

Bei den Gängen durch das hier umrissene städtische Territorium registrierte Klemperer ihn interessierende

Details und hielt mit seinem Urteil nicht zurück: Das 1902 entstandene Denkmal des jungen Goethe als Leipziger Student des Leipziger Bildhauers Carl Seffner auf dem Naschmarkt fand Klemperer nicht gelungen, ja er hasste es für die Arroganz, die dieser junge promenierende Elegant nach seiner Ansicht ausstrahle.[208]

> „Und kaum viel weniger als der gelackte Goethe mißfiel mir das ungeschlachtene Völkerschlachtdenkmal, das ich auf dem Wege zur Deutschen Bücherei täglich vor Augen hatte. In gewissem Sinn sind die beiden gegensätzlichen Monumente miteinander verwandt: dort die Affektation der Eleganz, hier die Affektation der archaisch gebundenen Riesenkraft."[209]

Aus den Tagebüchern übernahm Klemperer auch seine reichlich konservative Kritik des 1902 fertiggestellten und im gleichen Jahr von der Stadt Leipzig angekauften Denkmals Ludwig van Beethovens von Max Klinger (1857–1920):

> „Der Mann ist gewaltig, aber wie störend wirkt das Brimborium des Prunksessels, der Decke, des Adlers, der vergoldeten Armlehnen, wahrer Tassenhenkel ... Das früh gealterte, verzerrte, leicht gedunsene Gesicht ergreift oder würde ergreifen, lenkte nicht die Spielerei der farbigen Augen, des farbigen Mantels ab. Wie schade, daß der protzige Kunstgewerbler bei Klinger immer wieder den großen Bildhauer schädigt ..."[210]

Freilich, bekannte Klemperer, war die „allererste Liebe" zu Leipzig durch den Magen gegangen. Den Klemperers war auf dem Weg vom Hauptbahnhof zu ihrer Unterkunft die Konditorei Platen von Paul Platen im Grimmaischen Steinwege 13 aufgefallen mit ihrem „... auf lange hinaus unverfälschtem Kaffee, ihren vielen Torten, ihren Bergen von Streusel- und Käse- und Kartoffelkuchen ...".[211] Klemperer beschrieb den langen, schmalen Raum mit vielen Journalen und Zeitungen des offiziell als Café firmierenden Etablissements. Mehr als ein Jahr zählte für beide die „Platenzeit". Sie wurde abgelöst von der „Merkurzeit", als man wahrscheinlich nicht nur wegen der immer schwieriger werdenden Versorgungslage in das Café von Heinrich Keil am Thomasring (ab 1917 Dittrichring) 5 wechselte.[212] Das Lesecafé (1916 warb man mit ca. 450 Zeitungen und 300 Adressbüchern aller Länder) im Erdgeschoss und ersten Stock des im Krieg zerstörten Gebäudes galt als Literaten- bzw. Künstlercafé.[213] Freilich:

> „Viel zur Lektüre kamen wir im Café Merkur ... auch nicht, denn einmal bestand um der Papier-, vielmehr der Holzknappheit willen seit dem Sommer 17 ein Reichsverbot, Zeitungen auszuhängen, und nur wenige Blätter wanderten zwischen den Stammgästen heimlich von Hand zu Hand, und zum andern ließ uns ein wachsender Bekanntenkreis nur wenig Zeit zum Lesen."[214]

Und selbst nach der „Flucht aus Wilna", auf die weiter unten noch einzugehen ist, findet man Klemperer mitten in der Revolution Ende 1918 im Merkur.[215] Im Januar 1919, den letzten Leipziger Wochen, wurde, wenn durch Streiks die Beleuchtung ausfiel, das „... Merkur vom Café zum Asyl ...".[216]

Die dritte gastronomische Lokalität, die die Eheleute Klemperer öfter aufsuchten, war der Thüringer Hof in der Burgstraße 19–23, eines der bekanntesten und beliebtesten Leipziger Wirtshäuser, seit 1911 im Besitz der Würzburger Hofbräu AG. Hier trafen sie sich zum Mittagstisch und erneut wieder am Nachmittag im Café Merkur. Im Thüringer Hof war auch Gelegenheit, Journalisten der *Leipziger Neuesten Nachrichten* kennen zu lernen, die sich hier regelmäßig trafen.

Den noch bekannteren und bei Touristen beliebten Auerbachs Keller (Grimmaische Straße 2) besuchten die Klemperers nur einmal im August 1918 im Trubel der letzten Kriegsmesse. Wenn in späteren Romanen die „... Entfesselung der Genußsucht und die allgemeine Demoralisation der Zivilbevölkerung während der letzten Kriegszeit ..." thematisiert wurde, musste Klemperer an den Auerbachs Keller denken und konnte das Gesehene nur als ekelhaft bezeichnen.[217]

Missfallen hatte Klemperer ausdrücklich die Umgebung Leipzigs: Die „fünf Ströme" – Pleiße, Parthe, Elster, Luppe und Rietzschke – erschienen ihm als „mühselig im Flachland rinnende Bäche". Ebenso bemängelt er die „Unentschiedenheit" der Landschaft.

> „Doch was kam es mir auf die Umgebung der Stadt, was auf einzelne Monumente an? Die Stadt als Ganzes fesselte mich, ich spürte immer ihr starkes Arbeitsleben ..."

Nun mag es Victor mit Leipzig so ergangen sein, wie er es mit anderen Orten schilderte:

> „... wenn ich fremd in einer Stadt herumlaufe, bietet sie nur Bilder und bleibt mir fremd; wenn ich mich aber auch nur lose beruflich mit ihr, mit einem ihrer Häuser verknüpfe, fällt mir auch ihr übriges Wesen innerlich zu."[218]

Nach der ersten, eher bedauernden Reaktion auf die Versetzung nach Leipzig fiel das rückblickende Fazit – und dazu noch im berüchtigten Kohlrübenwinter 1916/17 – völlig gegensätzlich und geradezu euphorisch aus.

> „Wenn man als Fremder nach München kommt, ist man geblendet, wenn man dort wohnt, ist man bald alle Illusion los. Mit Leipzig verhält es sich genau umgekehrt. Erst bietet es gar nichts, nachher alles. ..."[219]

Noch 1929 war die Erinnerung an Leipzig und im Vergleich zu Gertrud Oehlmann, für die die gemeinsame Leipziger Zeit ihr Lebenshöhepunkt war, wesentlich nüchterner ausgefallen: Leipzig sei „... allenfalls ein Punkt in einer langen Entwicklungslinie u. kein hervorragender" gewesen.[220] Umso bemerkenswerter ist dann die Übernahme des unmittelbar festgehaltenen Leipzig-Lobs aus dem Tagebuch in den Text des *Curriculums* – Hinweis auf den unterschiedlichen Charakter von aktuellen Tagebuchnotizen und reflektierendem autobiographischen Text mit zeitlichem Abstand.

Die katastrophale Rohstoff- und Lebensmittelknappheit schlugen sich in Klemperers Erinnerung dramatisch nieder. Hatte er bis dahin über das Essen mit dem „Darüberstehen des Kulturhistorikers" berichtet – wie über die Umwandlung von Blumen- in Gemüsebeete –, so steigerten sich in seinem Tagebuch in diesem Kohlrübenwinter von Woche zu Woche die Klagen über Essensmangel, hungriges Schlafengehen und hungriges Aufwachen. Hinzu kamen strenger Frost und die Klagen über die Kälte bei anhaltendem Kohlenmangel. Im Februar 1917 erfüllte sich seine Hoffnung auf die Wärme der Dampfheizung im Lektorensaal der Bibliothek nicht, auf die er sich sonntags vor Kälte zitternd in seinem Zimmer gefreut hatte, weil wegen eines Rohrbruchs nicht geheizt werden konnte. „Wir liefen in unsern Mänteln die fünfzehn Meter des Saals auf und ab …"[221]

Eva Klemperer war durch Kälte und Hunger abends am Ende ihrer Kraft und musste strikt ruhen. In dieser Situation begann das, was Victor die „Orgie des Vorlesens" nannte.[222] Er las Eva vor – in dieser Zeit *Les Misérables* von Victor Hugo – zunächst bis gegen Mitternacht, später wurde es ein und zwei Uhr, manchmal später.

> „Nur in einigen bösen Zeiten des Dritten Reichs habe ich das nächtelange Vorlesen noch einmal mit gleicher Leidenschaft und Ausdauer betrieben wie damals."[223]

Klemperer betrachtete Hugo nun auch mit den Augen des Literaturhistorikers und begann alles zu studieren, was die Leipziger Universitätsbibliothek an philologischem Material besaß. Anschaulich schilderte er, wie sich auf dem Tisch des Militärzensors in der Deutschen Bücherei drei Bücherstapel befanden: Bücher, die als Pensum des Zensors zu erledigen waren, ein Stapel mit Büchern über Voltaire als Fortsetzung seiner romanistischen Studien) und schließlich der „Hugostapel".

Angeregt durch den neuen Leiter der Leipziger Buchprüfungsstelle Heinz Tovote, der Klemperer ermunterte, abends in Zivilsachen auszugehen, erlebte Klemperer im vierten Kriegswinter intensiv das Leipziger öffentliche Leben. Theaterbesuche häuften sich, ja, er sei mehr als siebzig Mal im Theater gewesen, resümierte er.[224] An der Spitze der Beliebtheit stand das Alte (Stadt-)Theater am Richard-Wagner-Platz 2, gefolgt vom Schauspielhaus in der Sophienstraße (heute Shakespearestraße). Beide Gebäude sind im 2. Weltkrieg zerstört worden. Dagegen fanden weder Opern- noch Operettenaufführungen das besondere Interesse der Klemperers. Die Antwort auf die Frage, was ihn an dieser „Theaterkampagne" beglückt habe, zumal er die Aufführung inszenatorisch wie schauspielerisch nur als künstlerischen Durchschnitt empfand, habe er nur gefühlt, könne sie mit dem Abstand der Jahre nun beantworten:

> „Der Krieg langte nicht ins Theater ... Draußen ging der Krieg ins vierte Jahr, er würgte an allem, es gab keine Freiheit des Individuums, es gab keine Freiheit der Meinungen, aber die Kunst war frei ..."[225]

Eva und Victor besuchten zudem Varietés, Kabaretts und andere Vergnügungsstätten. Namentlich erinnerte er das im Krieg zerstörte Varieté-Theater Battenberg in der Tauchaer Straße 32–34 (heute Rosa-Luxemburg-Straße), ein „echt schäbiges Lokal".[226] Auch Kinobesuche wurden notiert, wobei er sich bis auf die Leistung der Schauspielerin Henny Porten wenig von den gesehenen Filmen beeindruckt zeigte.[227] Besonders unangenehm fiel Klemperer die neue „propagandistische Ausnutzung des Films" auf, wie etwa Werbung für Kriegsanleihen.[228] Aus der Sicht eines meist distanzierten, kritischen Betrachters geben diese Impressionen einen interessanten, ganz individuellen Einblick in das kulturelle Leben Leipzigs im Zeitraum 1917/18.

Zusammentreffen mit „markanten Menschen"

Die Zeit in Leipzig blieb den Klemperers aber nicht zuletzt „... wegen des Verkehrs mit einer Reihe markanter Menschen ..." in guter Erinnerung. Besonders erwähnt seien die langjährigen freundschaftlichen Kontakte zu Gertrud Oehlmann, geb. Fischer, (1889–1949), von allen nur Trude genannt. Die Klemperers lernten sie als eine ebenso couragierte wie bemühte junge Frau kennen. Trude hatte während des Militärdienstes ihres Ehemanns Carl Oehlmann die Geschäftsleitung der Leipziger Niederlassung der Berliner Bildgießerei Aktiengesellschaft vorm. H. Gladenbeck & Sohn im Königsbau in der Goethestraße 1 übernommen.[229]

> „Ihrem hemmungslosen Leipziger Sächsisch und mancher ihrer Bemerkungen hörte man deutlich an, dass sie aus klein- und kleinstbürgerlicher Schicht stammte, ganz ebenso deutlich war ihr autodidaktisches Bemühen um Bildung, besonders auf dem Gebiet der Kunst, dabei aber wurde sie durch die große, oft stürmische Frische und herzliche Gutartigkeit ihrer Natur vor aller Enge bewahrt."

Die Verbindung – Besuche mit langen Gesprächen und regelmäßig ausgetauschte Briefe – zu Gertrud Oehlmann, die nach der Trennung von ihrem Mann seit 1921 in der Verwaltung der Deutschen Bücherei beschäftigt war, riss erst 1939 ab, wurde mit dem Kriegsende erneut aufgenommen und hielt bis zu ihrem Tod im Jahre 1949. Die Duzfreundin Gertrud Oehlmann war es u. a., die Klemperer im Oktober 1945 auf die unbesetzte romanische Professur in Halle hinwies und ihn dank ihrer Kontakte in Halle im November ins Gespräch gebracht hatte.[230]

Trude Oehlmann machte im Café Merkur die Klemperers mit einer Reihe interessanter Künstler bekannt.[231] Zu ihnen gehörten u. a. der Bildhauer und Grafiker Rudolf Saudek (1880–1965) und der Maler Arnold Schmidt-Niechciol (1893–1960).[232] Klemperer hatte schon im Vestibül der Deutschen Bücherei Saudeks Büsten Arthur Schopenhauers und Friedrich Nietzsches betrachtet, bevor sie sich persönlich kennenlernten.[233] (Gleichfalls von Saudek stammte die in der Bibliothek aufgestellte Büste von Philalethes, das war das Pseudonym des sächsischen Königs Johann als Dante-Übersetzer.)[234]

> „Wenn er [Saudek, L. P.] ohne alle Affektationen von seinem Beruf oder mit viel Bildung von Literatur und Musik oder warmherzig von allgemein menschlichen Dingen sprach, war er mir sympathisch, in der ersten Zeit fehlte es ihm auch nicht

an Humor, wie es denn unter seinen Arbeiten einige drollige Tierskulpturen für den Zoo gab ...“[235]

Die dritte Unterkunft des Paares im Arbeits- und Sprechzimmer des zum Militärdienst eingezogenen Dentisten Georg Zschelletzschky in der ersten Etage Dufourstraße Nr. 2 lag ganz in der Nähe von Saudeks Atelier am Floßplatz 11.[236] Klemperers Charakterisierungen konnten gelegentlich ziemlich scharf sein, so, wenn er erinnert, Rudolf Saudek ob seiner Physiognomie in den Tagebüchern öfter nach der Figur des Schriftstellers Detlev Spinell in Thomas Manns „Tristan“ als „der verweste Säugling“ benannt zu haben. Bemerkungen zu Gertrud Oehlmann konnten sich auch so lesen:

> „Trude lief üppig und unschön in Seidenhosen und einer anliegenden Bluse herum, aber man vergaß das Rubenssche Quellen über ihrer großer Herzlichkeit und wirklichen Freude.“[237]

Arnold Schmidt-Niechciol war von 1916 bis 1918 als künstlerischer Beirat der Städtischen Theater Leipzig tätig. Klemperer beschrieb den „Theatermaler und Kubisten“ als „... ein winziges, durchsichtiges, jämmerlich verkrüppeltes, jämmerlich hinkendes Nichts, aber immer voller Pläne, voller Arbeitsfreude und Zufriedenheit mit dem Leben ...“. Schmidt-Niechciol wurde von den Nationalsozialisten wegen seiner kubistischen Kunstauffassung als entarteter Künstler verfolgt.[238]

In prägnanten Einzelbeobachtungen erscheinen zahlreiche Zeitgenossen. Dazu gehörte der elfte Gewandhauskapellmeister Arthur Nikisch, den die Klemperers bei der Neujahrshauptprobe im Gewandhaus erlebten:

> „Mittelgroß, kräftig, untersetzt, mit ergrautem kleinen Vollbart, stand er auf seinem umgitterten engen Podium, dem Publikum meist den Rücken, nur gelegentlich die Seite zukehrend. Wie er neben der Rechten mit dem Taktstock auch die Linke ins Spiel brachte, den Arm hochauf- und weit vorgereckt, die Hand zur Faust geballt, wie er in das Orchester hineinzustechen und zu schlagen schien, erinnerte er mich an den Tierbändiger, den wir neulich bei Hagenbeck gesehen

und der sich mit Peitsche und Stange gegen die Löwen und Tiger durchsetzte. Er hatte aber auch ausdrucksvolle weiche Bewegungen, manchmal war die Hand ausgebreitet, der kleine Finger übermittelte abgespreizt einen Sonderbefehl, manchmal rollte der Arm ganz herum, wie drehorgelnd."[239]

Klemperer schilderte aus seinem unmittelbaren täglichen Umfeld als Militärzensor Begegnungen mit den Schriftstellern Heinz Tovote (1864–1946) und Franz Adam Beyerlein (1871–1949). Der oben bereits erwähnte Heinz Tovote, Hauptmann der Landwehr, war Neumann-Hofer als Leiter der Leipziger Buchprüfungsstelle gefolgt und damit Klemperers Vorgesetzter geworden. Er war habilitierter Literaturwissenschaftler, hatte sich aber vor allem als freier Schriftsteller einen Namen gemacht. Er galt in den 1890er Jahren mit Romanen im Stil des französischen Naturalismus und erotischen Themen aus einem dekadenten Milieu als skandalumwittert. Klemperer schilderte amüsiert den Gegensatz zwischen dem ehemaligen Familienschreck als „sittenloser Neuerer der radikalsten Art" und dem nunmehr „grauhaarigen Fünfziger mit dem biederernsten, väterlichsten Gesicht, irgend ein Kanzleirat oder Kassenbeamter".[240] Angeregt registrierte er Tovotes Interesse am geistigen Leben der Stadt, wobei dieser

„… keinen Unterschied machte zwischen fein und unfein, künstlerisch und unkünstlerisch, bürgerlich oder proletarisch, schicklich oder unschicklich, alles war ihm Stoff, alles war ihm interessant, alles beurteilte er mit derselben gutartigen Nüchternheit und dem gleichen Sachverständnis, ob es nun eine Shakespeareaufführung oder eine Varieténummer oder ein Preisringen oder Menschen und Tiere während eines billigen Sonntags im Zoologischen Garten oder elegante oder anrüchige Lokale, die wirkliche Messe oder ihr Jahrmarktsanhang, die Schaumesse, waren".[241]

Als seinen Nachfolger als Zensor, nach der Anforderung aus München, lernte er Franz Adam Beyerlein kennen. Mit dem Verfasser des damals bekannten Romans „Jena oder Sedan?" und des Dramas „Der Zapfenstreich" plauderte Klemperer mit Vergnügen, merkte jedoch an, dass dieser

von seinem literarischen Werk „eigentlich nur unter kauf-
männischem Gesichtspunkt" erzählt habe. Beyerlein sei
stolz darauf gewesen, dass er mit den Zinsen des gewon-
nenen Kapitals eine gesicherte Existenz habe und nun „auf
Vollkommenheit ausgehen könne, anders als etwa Gerhart
Hauptmann, der immer auf Vorschuß lebt und dadurch sein
Talent ruiniert". Klemperer habe nur mit Mühe ein sehr
unhöfliches Lachen unterdrücken können.[242]

Im Café Merkur traf Klemperer auf den Slavisten und
Germanisten Prof. Dr. Arthur Luther (1876–1955)[243]. Lu-
ther, in Orel (Orjol) geboren und russischer Staatsbürger,
konnte von einer Ferienreise nach Deutschland wegen des
Kriegsausbruchs nicht zurückkehren. Er fand Arbeit in der
Deutschen Bücherei, wo sich beide trotz der räumlichen
Nähe offenbar nicht begegnet waren.[244] Er leitete den
Sachkatalog der Bibliothek, publizierte selbst und betätigte
sich zudem erfolgreich als Übersetzer. Werke Gogols,
Dostojewskis, Puschkins oder Tolstois werden noch heute
in Luthers Übersetzung verlegt.

Ausführlich geschilderte Gespräche mit dem Journalisten Dr. Paul Harms (1866–1945) und die ausdrückliche
Zustimmung zu dessen Erklärungen und Positionen geben
Einblick in die politische Vorstellungswelt Klemperers in
dieser Zeit. Harms war 1916 aus Berlin vom *Berliner Tageblatt* nach Leipzig gekommen und Leitartikler der
Leipziger Neuesten Nachrichten (LNN) geworden. Man
hatte sich am Stammtisch der LNN im Thüringer Hof
kennen gelernt und verkehrte seit März 1918 auch privat
miteinander. Noch viele Jahre später – man findet diese
Bemerkungen in Klemperers LTI – erinnerte sich Klemperer an stundenlange Diskussionen im Café Merkur. Im
Curriculum wird wie im *Revolutionstagebuch 1919* „das
nächtliche Sich-nach-Haus-Begleiten zwischen Reichel-
und Grassistraße" erwähnt – Harms wohnte in der Grassistraße 9,[245] rund 400 m von der Reichelstraße 16 entfernt.
Um Harms herum gab es noch einen Bekanntenkreis, mit

dessen Mitgliedern die Klemperers gleichfalls ständigen Austausch pflegten.

Klemperer schätzte Harms wegen seiner Überzeugungen, vor allem wegen seines „nüchternen, phrasenlosen Patriotismus". Wenn Harms den Krieg als Schicksal betrachtete, als wirtschaftliche Notwendigkeit, als einen Zusammenstoß von Kräften, in dem die Begriffe Schuld und Unschuld keinen Sinn hätten und in dem es selbstverständlich sei, dass jeder der Beteiligten sich zu behaupten versuche, dann sprach das Klemperer an und bot ihm Argumente gegen seine Zweifel und unentschlossene Haltung gegenüber dem Krieg. Er selbst hatte schon während seines Italienaufenthalts gegenüber den italienischen Gesprächspartnern wie etwa Benedetto Croce den Standpunkt vertreten, dass Deutschland angegriffen worden und ihm der Krieg aufgezwungen worden sei.[246] Klemperer sah sich nun von den Schwankungen zwischen Kriegsbegeisterung und äußerstem Pazifismus befreit. Er fasste zusammen:

> „Die Kraft Deutschlands mußte sich behaupten, nur ein Naturprozeß, über den es nichts zu moralisieren gab, und ich selber hatte gar keine Wahl, für oder wider zu optieren, ich gehörte zu ihr, ich lebte in ihr und durch sie, ich war eines ihrer Atome."

Auch hielt er lange daran fest, dass trotz der militärischen Rückschläge am Ende Gebietsgewinne für Deutschland etwa im Osten zu begrüßen seien. Seine konservative bürgerliche Haltung lässt sich an einer der geschilderten Szenen gut erkennen. Mitte August 1917 wurde er mit den Teilnehmern einer Streikaktion in Leipzig konfrontiert. Den streikenden Arbeitern, die ihm auf dem Windmühlenweg (heute Philipp-Rosenthal-Str.) entgegengekommen waren, begegnete Klemperer nicht nur völlig verständnislos für ihre Gründe, sondern wünschte, ihnen würde mit Prügel und Maschinengewehren gegenübergetreten.[247]

Klemperer begleitete Harms an das Institut für Zeitungskunde, dem Gelder aus einer Stiftung des Verlegers der *Leipziger Neuesten Nachrichten* Edgar Herfurth zugute kamen.[248] Es wurde vom Nationalökonomen Karl Bücher geleitet. Als „Hilfsdozent ohne Universitätsrang" hielt Harms wöchentlich Übungen ab. „Er war immer gleich sachlich und klar, gedankenreich, ohne geistvoll zu sein." Den 1913 anonym im *Berliner Tageblatt* veröffentlichten Roman *Unter den Auserwählten* hielt Klemperer dagegen für eine „ungemein schwache Arbeit".[249]

Das zutiefst opportunistische Verhalten von Harms während der NS-Herrschaft traf Klemperer heftig. Sein einstiger guter alter Bekannter war ins Lager derer übergewechselt, die Klemperer unter die intellektuellen Verräter rechnete. In den mit P. H. gezeichneten politischen Artikeln, die in den *Leipziger Neuesten Nachrichten* nach 1933 abgedruckt wurden, sei die ganze LTI zu finden gewesen. Für Klemperer eine Probe aufs Exempel:

> „Eine traurige Probe für mich, weil eben diese Zeilen mit persönlicher Stimme zu mir sprachen, mit einem vertrauten Tonfall hinter den aus diesem Munde unerwarteten, im übrigen aber gleichfalls und allzu vertrauten Worten."[250] Die Verbitterung über das Verhalten von Harms scheint noch einmal auf, als er im September 1945 vom Tode Harms' erfuhr. „Er war fraglos unter die Kriegsverbrecher zu rechnen."[251]

Doch zurück nach Leipzig und in die Buchprüfungsstelle in der Deutschen Bücherei. Aus dem *Curriculum* erfahren wir, dass die Arbeit als Zensor, die Victor mechanisch und ohne innere Beteiligung meist bis Mittag erledigt hatte, Zeit für andere Beschäftigung ließ. Mit der Ausbeute seiner geistigen Arbeit, etwa den rasch aufgegebenen journalistischen Versuchen – darunter ein feuilletonistischer anlässlich der Eröffnung der Deutschen Bücherei mit Seitenhieben auf den französischen Kultur-Zentralismus und ausgiebigem Lob des deutschen Föderalismus'[252] – und vergeblichen Ansätzen zu einem Buchmanuskript, aber war Klemperer jedoch sehr unzufrieden. Er begann mit intensiveren Literaturstudien zu romanistischen Themen. Sein Leipziger Kollege Philipp August Becker hatte ihn auf *L'Astrée*, einen Schäferroman von Honoré d'Urfé aus dem 17. Jahrhundert, aufmerksam gemacht, und Klemperer fühlte sich bei der Lektüre abgetrennter von der Gegenwart und seiner Zensorentätigkeit als durch andere Lektüre. Die Leipziger Studien – wie zur französischen Literatur und Philosophie des 17. Jahrhunderts, insbesondere Voltaire und über Victor Hugo – konnte er später mit Gewinn für Lehre und Publikationen nutzen. So hielt er im Sommersemester 1919 in München ein Kolleg über Victor Hugo.[253]

Die Lektüre und das intensive Exzerpieren war letztlich kein Ersatz für akademische Lehre und die Erträge wissenschaftlichen Arbeitens in Form von Publikationen. An Karl Vossler schrieb er im Februar 1918 dennoch:

> „Was mich persönlich immer am meisten bedrückt, mehr als die wenig gute Gesundheit u. die Alltagsnot des Essens, der Kohle etc., ist das Ausgeschlossensein aus meinem Beruf. Nun bin ich schon so lange Dozent u. kann mich gar nicht betätigen."[254]

Den selbstgesteckten, hohen Ansprüchen konnte er unter diesen bedrückenden Bedingungen nicht entsprechen. Wenn er sich mit seiner Frau verglich, empfand er schmerzliche Defizite. Eva Klemperer hatte in Leipzig ihr Musikstudium wieder aufgenommen. In der Wohnung in der Dufourstraße war Platz für ein Harmonium gewesen, auf dem sie nun wieder spielte. Sie studierte seit Winter 1917 erfolgreich Orgel beim Organisten der Nikolaischule Prof. Carl Heynsen, der seit 1901 Lehrer am Leipziger Konservatorium der Musik war.[255] Weil viele Organisten zum Militär eingezogen waren, ergab sich hier wie in vielen anderen Berufen die Gelegenheit, in Männerberufe einzudringen. Eva übte auf der Orgel des Konservatoriums in der Grassistraße und auch auf der der Nikolaikirche. „Meine Frau trieb ihr Studium mit ungemeiner Konzentration." Sie pflegte auch regen Austausch mit Musikerkollegen, wie Klemperer kritisch und misstrauisch registrierte. Orgelspiel war für ihn keine weibliche Kunst. Er verglich die Orgelbank mit einem Reck, „an dem der Körper akrobatisch turnt".[256] Er registrierte, dass Eva mit einem größeren Teil ihres Wesens abwesend war, wenn sie sich mit der Musik befasste, ja nur an sie dachte.

> „Manchmal hatte ich Angst um sie, die schlechte Ernährung schwächte jede Nervenkraft, es war der ungeeignetste Zeitpunkt zu solchen Anstrengungen. Manchmal hatte ich Angst um mich, die Orgel schien sich mir zwischen uns zu drängen."[257]

Dagegen sah sich Klemperer selbst durch den Krieg geistig verarmt und „wie sterilisiert", während seine Frau auf einem ihm fremden Gebiet – der Musik – „aufstieg". Er befürchtete, nicht mit dem geistigen Wachstum Evas Schritt halten zu können.[258] Für ihn setzte eine freie geistige Gemeinsamkeit geistige Gleichgestelltheit voraus. Diese Balance sah er durch die Fortschritte Evas auf einem Gebiete, zu dem ihm der Zugang fehlte, gefährdet. Mehrfach vermerkte er seinen Verdruss, Evas Vorwürfe und Auseinandersetzungen wegen seiner heftigen „Eifersucht auf ihren neuen Beruf". „Ich bin gewiß ganz im Unrecht, ganz und gar egoistisch. Ich fühle mich aber sehr traurig u. sehr einsam."[259] Daran änderte auch die ungebrochene physische Vertrautheit und die anhaltenden Gefühle füreinander wenig, wie Klemperer nach seiner gelungenen „Flucht aus Wilna" am 20. November 1918 notierte:

> „Wir fanden uns am späten Abend in alter großer Leidenschaft. ... Ich weiß, Eva liebt mich, wie ich sie ... aber diese Liebe wird etwas Armseliges, Unsittliches, wenn sich Eva so über mich hinaus u. von mir fort entwickelt."[260]

Und an anderer Stelle sprach er von viel Zärtlichkeit und einer Leidenschaft, „... die für so alte Eheleute kaum noch schicklich zu nennen ist".[261]

Kaffeehaus Platen
Grimmaischer Steinweg 13, Inhaber Paul Platen

Café Merkur
Thomasring bzw. Dittrichring 5, Inhaber Heinrich Keil

Thüringer Hof
Burgstraße 19–23

Altes Theater
Richard-Wagner-Platz 2

Völkerschlachtdenkmal
eingeweiht am 18. Oktober 1914

Leipziger Hauptbahnhof
erbaut 1909 bis 1915

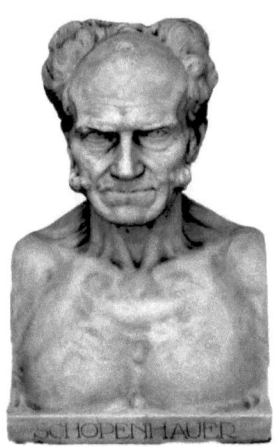

Rudolf Saudek: Arthur Schopenhauer
Marmorbüste 1914
Kartensammlung der Deutschen Nationalbibliothek in Leipzig

Carl Seffner: Johann Wolfgang Goethe
Bronzeskulptur 1903
Naschmarkt

„Die Genter Angelegenheit"[262] und das Kriegsende

Professor im besetzten Land?

Als Klemperer von seiner ursprünglichen Einheit, der Reservebatterie, nach München zurückgerufen wurde, hatte er sich schweren Herzens bereits darauf eingestellt, einem neuerlichen Fronteinsatz nicht entgehen zu können. Einen größeren Kontrast dazu kann man sich kaum vorstellen, als am 25. Juli 1918 ihm die Behörde des Verwaltungschefs von Flandern in Brüssel eine Berufung an die flandrische Universität Gent im besetzten Belgien übermittelte, über die ihn Karl Vossler aus München bereits telegrafisch informiert hatte.[263] Klemperer nahm (natürlich) den Ruf an und teilte mit, dass er in Kowno umgehend reklamiert werden müsse. Von der Rückkehr nach München wurde er nun befreit, in Kowno wurde entschieden, er solle bis auf weiteres in Leipzig bleiben. Er war sich aber auch des Dilemmas bewusst und zitierte aus seinem Tagebuch:

> „Ich kann den abscheulichen Gedanken nicht mehr loswerden, … wenn nur der Krieg lange genug dauert, daß ich meinen Erfolg noch ernten und auskosten kann."[264]

Er ließ sich aber auch vorübergehend von Harms beruhigen, der ihm erklärte, ein vollkommener Sieg Deutschlands sei zwar nicht mehr zu erringen, aber es bestünde Hoffnung auf Verhandlungen mit der Entente, in deren Ergebnis Flandern unter deutscher Verwaltung oder zumindest in Abhängigkeit von Deutschland bleiben könnte.[265]

Allerdings stellte sich bald heraus, dass offiziell lediglich von einem Lehrauftrag auf Kriegsdauer die Rede war. Jedoch erklärten ihm Vossler, Becker und auch Harms, von deutscher Seite würden zwei autonome Staatshälften

Belgiens – Wallonien und Flamland (Flandern) – ange-
strebt, deshalb habe das Angebot über die übliche Beauf-
tragung eines Privatdozenten mit der Vertretung einer
Professur hinaus weitreichendere und zugleich politische
Bedeutung. Vermutlich könne er, so er schnell niederlän-
disch erlerne, nach Kriegsende entweder bleiben oder aber
an eine deutsche Universität auf eine entsprechende Professur wechseln.

Eine Berufung nach Gent oder auch nur Entlassung aus
dem Militärdienst, die Voraussetzung für den Antritt der
Stelle, kamen in den folgenden Wochen und Monaten
mitten im Endstadium des Krieges und angesichts der
bürokratischen Hürden mehrerer beteiligter Dienststellen –
bayerische Armee, Militärverwaltung Oberost bzw. Militärgouvernement Litauen und die Verwaltung von Flandern – nicht mehr zustande. Klemperer wurde nach der
anfänglich euphorischen Stimmung Ende Juli, in die ihn
die vermutliche erneute Lebensrettung (vor einem Fronteinsatz) und endgültige Sicherung der Existenz und Karriere versetzt hatten, nun immer mutloser.

Wie bereits erwähnt, war er seit Anfang Oktober im
Militärgouvernement Litauen, in Wilna stationiert, wo ihn
die Nachricht von der Bitte Deutschlands um Waffenstill-
stand erreichte.[266] Dennoch versuchte er, während eines
Urlaubs vom 6. Oktober bis 1. November in Brüssel eine
Entscheidung wegen der Genter Stelle herbeizuführen,
musste aber feststellen, dass sein Anliegen im Gewirr der
Militärbürokratie versandet war und es angesichts der
Auflösungserscheinungen aussichtslos war, die „Genter
Angelegenheit" weiter zu verfolgen.

Kriegsende in Litauen und „Flucht aus Wilna"

Am 1. November war der Unteroffizier Klemperer nach
Wilna zum Presseamt zurückgekehrt und erlebte hier, wie

die Nachrichten von den revolutionären Ereignissen bei den ohnehin in Agonie befindlichen Dienststellen im Osten eintrafen und dort z. B. auch Soldatenräte gebildet wurden. Dabei traf er auf Arnold Zweig, dessen politische Auftritte als Mitglied des Soldatenrates und als „Volkstribun" Klemperer mit deutlicher Distanz, wenn nicht gar Missbilligung beschrieb, so sehr er ihn später als Schriftsteller, insbesondere als Verfasser des in Ober Ost spielenden Romans aus dem Jahre 1927 *Der Streit um den Sergeanten Grischa*, „... eines der besten deutschen Romane aus dem Weltkrieg", schätzte.[267] Auch Arnold Zweig erinnerte in seinem Nachruf auf Klemperer, dass ihre Bekanntschaft bis in das Jahr 1918 zurückreichte, wo er Klemperer als Artilleriewachtmeister (Unteroffizier) in Vilnius kennengelernt habe.[268]

Der Waffenstillstand von Compiègne vom 11. November 1918 mit dem vereinbarten Rückzug der deutschen Truppen aus allen besetzten Gebieten beendete alle Spekulationen auf eine Karriere als Lehrstuhlinhaber in Gent endgültig.

Klemperer gelang es schließlich Mitte November 1918 unter Berufung auf die – inzwischen überholte – Anforderung aus Bayern, einen Vertreter des Soldatenrats von Wilna zu bewegen, einen Dienstausweis und eine Fahrkarte nach München durch eine listige Manipulation eines einfachen Briefstempels zum Dienststempel zu legitimieren.[269]

Mit dieser erfolgreichen „Flucht aus Wilna", wie er diesen Coup in den Revolutionswirren in seinen Tagebuchaufzeichnungen nannte,[270] versuchte er, aus der Sinnlosigkeit, dem Chaos und Vergeudung von Lebenszeit als Soldat zu entfliehen. „... ich wollte frei sein, ich wollte Individuum sein, ich wollte Gelehrter sein, ich wollte ich selber sein."[271]

Am 20. November 1918 kam er in Leipzig an. In den folgenden Wochen suchte er sich neu zu orientieren, wobei ihn zugleich ganz existenzielle Mühen bedrückten. Das waren die schlechte Finanz- und Versorgungslage und die völlig ungeklärte berufliche Zukunft. Als offiziell immer noch Militärangehöriger konnte er Löhnung empfangen und Verpflegungszuteilungen erhalten. Das bescheinigte ihm ein Vertreter des Leipziger Soldatenrats. In München offiziell zurückgemeldet, wurde er demobilisiert. „Endgiltig entlassen", notiert er am Sonnabend, den 1. Februar 1919.[272]

Für eine weitere berufliche Karriere stellte die Münchner Privatdozentur die einzige Gewissheit dar. Vossler hatte Klemperer im November erstmals darüber informiert, dass er ihn für einen Kurs für Kriegsteilnehmer im Februar 1919 vorgesehen habe. Nach dem Vorlesungsverzeichnis der Ludwig-Maximilians-Universität München für das Kriegsnothalbjahr vom 15. Januar bis 15. April 1919 war der Privatdozent Dr. Klemperer mit Vorlesung und Seminar „Französische Literatur im 17. und 18. Jahrhundert" an vier Wochentagen daran beteiligt.[273] Damit war die Übersiedlung von Leipzig nach München entschieden. Unter großen Mühen wurde der Umzug von Leipzig nach München vorbereitet. Die Leipziger Zeit ging für die Klemperers Ende Januar 1919 zu Ende.

Ausblick

Die ersehnte ordentliche Professur rückte erst im Dezember 1919 in greifbare Nähe, als Klemperer eine Berufung als Professor für romanische Sprachen an die Technische Hochschule in Dresden erreichte.[274] Bis dahin hatte er als Privatdozent der LMU München über vier Semester vom Januar 1919 bis zum März 1920 Lehrveranstaltungen abgehalten. Im Januar 1920 ernannte ihn die Universität München noch zum außerordentlichen Professor.[275] Die Ernennung zum Ordinarius in Dresden erfolgte am 10.

Januar 1920.[276] Klemperer gehörte als Professor für romanische Sprachen zur Allgemeinen Abteilung (Fakultäten gab es an der TH Dresden nicht) und stand dem Seminar für romanische Sprachen und Literaturen vor.[277] Die Karl Vossler gewidmete Antrittsvorlesung „Gang und Wesen der französischen Literatur" hielt er am 3. Juni 1920.[278]

Victor Klemperer hatte die Zeit des Krieges als eine Zeit existenzieller Bedrohung, physischer und psychischer Not, persönlicher Einschränkungen und partnerschaftlicher Krise erfahren. Individuelle und gesellschaftliche Gewissheiten waren zutiefst erschüttert, wenn nicht verloren gegangen. Er war nach seiner eigenen rückblickenden Bekundung nicht wie andere Kriegsteilnehmer als „... Ungläubiger, Revolutionär, Pazifist, Weltbürger oder Gottgläubiger ..." aus dem Krieg zurückgekommen:

> „Ich für meinen Teil habe nur den Zweifel an jeder Position. Später haben sich mir einige Gewißheiten wiederhergestellt, so fest sogar, daß ich für sie kämpfte, daß sich meine ganze wissenschaftliche Produktion ... auf sie stützte – und dann sind diese Gewißheiten erneut und endgültig zusammengebrochen ..."[279]

Klemperer war in diesem Sinne, wie der Herausgeber der Tagebücher Walter Nowojski zusammenfasste, ein skeptischer Rationalist geworden.[280] Fritz Rudolf Fries führte diesen Gedanken fort:

> „Der Skeptiker Victor Klemperer ist ein Schüler Voltaires und Diderots und als Wissenschaftler ein Mann des 18. Jahrhunderts. ... Victor Klemperer ist der unbestechliche Chronist, trägt die Eule der Minerva auf der Schulter wie den Hausvogel jedes Schriftstellers, die Spottdrossel ..."[281]

Und Leipzig? Eva und Victor Klemperer knüpften nicht wieder an die Jahre in Leipzig an, ihr Lebensmittelpunkt lag ab 1920 in Dresden.[282] Leipzig blieb für Victor ein Bezugsort, weil er mit dem traditionsreichen Leipziger Verlag B. G. Teubner eine von Missverständnissen nicht ungetrübte Beziehung hinsichtlich seiner Publikationsvorhaben pflegte. Bei Teubner erschienen zwischen 1921 und

1948 insgesamt 8 Veröffentlichungen Victor Klemperers, darunter von 1925 bis 1931 eine (unvollendet gebliebene) *Geschichte der französischen Literatur in 5 Bänden.*[283]

Als Person war es „Trude", Gertrud Oehlmann, über die die Klemperers mit Leipzig in Verbindung standen, sei es durch gegenseitige Besuche oder mindestens über den brieflichen Kontakt. Gertrud Oehlmann informierte im April 1938 z. B. darüber, dass vor dem Einmarsch in Österreich in der Deutschen Bücherei Listen mit österreichischen Autoren für die Gestapo angelegt worden seien, die Antifaschistisches publiziert hatten. Nun werde das für das tschechische Gebiet wiederholt.[284] Im Juli 1946 kehrte Klemperer mit Gertrud noch einmal in die durch den Krieg „ramponierte" Deutsche Bücherei zurück.[285] Ein letztes Mal besuchte er die Todkranke Anfang 1949 in Leipzig.[286] (Gertrud Oehlmann starb am 19. März 1949.)

Nach dem Kriegsende war Klemperer seit Oktober bzw. November 1945 wieder als Ordinarius für Romanische Philologie der TH Dresden eingesetzt, konnte aber dort nicht tätig werden, weil es an Räumen und Studenten fehlte und die TH offiziell erst am 1. Oktober 1946 wiedereröffnet werden konnte.[287] Zu diesem Zeitpunkt waren vorerst nur drei Fakultäten – die Pädagogische, die für kommunale Wirtschaft und die für Forstwirtschaft – vorgesehen. Klemperer gehörte zu den Professoren mit Lehrstuhl (Romanische Philologie) der Pädagogischen Fakultät.

Klemperer wünschte sich jedoch – trotz seines vorgerückten Alters und seines angegriffenen Gesundheitszustandes – „glühend" ein Ordinariat an einer Volluniversität. Naheliegend wäre ein Ruf an die sächsische Landesuniversität Leipzig gewesen.[288] Folgerichtig tauchte bereits im Juni 1945 die Idee auf, mit einem Doppelkatheder für romanische Literatur und Geistesgeschichte in Leipzig und Dresden, entlastet durch einen Sprachwissenschaftler, die beiden Stellen miteinander zu verbinden.[289] Das dann im Jahre 1946 (mit Unterstützung der sächsischen Landesverwaltung) zusätzlich zur Dresdner TH-

Professur angestrebte Ordinariat an der Universität Leipzig blieb – ob des Widerstands von Seiten der Universität bzw. des Romanischen Instituts unter Werner Krauss – jedoch ein unerfüllter Wunsch.[290] Klemperer wurde in den folgenden Jahren Ordinarius an den Universitäten Greifswald, Halle und Berlin.

Wohnorte nach 1945 waren Dresden, Greifswald, Halle und seit 1950 wieder Dresden, wo Victor Klemperer am 11. Februar 1960 starb.

Victor Klemperer zur Eröffnung der Deutschen Bücherei

Bibliotheken.[*]

Aus L e i p z i g wird uns geschrieben:
Das ist wohl pedantisch und mag auch anderen Pedanten so
gehen: wenn ich fremd in einer Stadt herumlaufe, bietet sie mir
nur Bilder und bleibt mir fremd; wenn ich mich aber auch nur
lose beruflich mit ihr, mit einem ihrer Häuser verknüpfe, fällt mir
auch ihr übriges Wesen innerlich zu. Im Kriege sogar, wenn man
die Front als Stadt nehmen will, ging es mir ähnlich: der Krieg ist
mir nicht so sehr am Geschütz aufgegangen als in dem einstigen
Bibliothekszimmer des zerschossenen Pfarrhauses hinter der
gesprengten Kirche, wo auf dem durchlöcherten Boden Stroh und
Schmutz und zerrissene Hefte und zertretene Bücher eine Art
zusammenhängender Matte bildeten.
Nun ich nach großer Pendelschwingung vom Westen zum Osten
inmitten Deutschlands zu vorläufiger Ruhe gekommen bin und in
seiner jüngsten Bibliothek, der Deutschen Bücherei, unter stets
erneuerten Bücherbergen sitze, schweift in Arbeitspausen die
Erinnerung zu ähnlichen Plätzen zurück, die mir Stützpunkte
wurden beim Aufnehmen einiger Städtebilder ...
1 9 1 3   i n   d e r   P a r i s e r   B i b l i o t h è q u e   n a t i o n a l e ...
Welche Schätze! Wenn ich von Fliegern über Paris hörte, fiel mir
immer mein schöner Erstdruck der Bodinschen „Republik", der
rotlederne Quartband, ein, und ich hoffte, daß sich dorthin keine
Bombe verirren möchte. Mitten im leidenschaftlichsten Gewoge
der Stadt liegt das stille, feine, große Haus. Es war damals Winter, und das Haus lag leider nicht nur still, sondern allzuoft auch
dunkel da. Für künstliches Licht war in dem weiten Lesesaal
nicht gesorgt. Oft wurde es neun und später, ehe man etwas entziffern konnte, und nachmittags um halb vier begann die Dämme-
rung von neuem. Dann zogen Eifrige kleine Taschenlampen, wie

---

[*] Berliner Tageblatt und Handelszeitung (1916) vom 14. September
1916, S. 2.

ich sie seitdem erst an der Front wiedergesehen habe, um noch einen Titel zu entziffern, noch einen Bestellschein für morgen zu schreiben. Es gab auch Leute, die ihre Augen dazu zwingen zu wollen schienen, im Dunkeln Dienst zu tun. Auch andere Rücksichtslosigkeiten gegen die eigenen Augen sah ich oft, besonders bei den zahlreich anwesenden Damen. Manch eine bückte sich tief aufs Buch, berührte es fast mit den Augen – aber die Kurzsichtigkeit eingestehen und ein Glas tragen? Das wäre pedantisch gewesen, barbarisch, deutsch … Welche Schätze in der Bibliothèque nationale – aber wie oft fehlte das Licht, und wie oft auch die Ordnung! Einmal fehlte von dem wichtigsten Nachtragswerk zu einem französischen Klassiker der erste Band; dafür hatte man den zweiten zweimal angeschafft. Ich machte den Ausleihbeamten darauf aufmerksam; er sagte, es sei Sache des Bibliothekars; ich machte den Bibliothekar darauf aufmerksam, der sagte, es sei die Sache des Direktors. Der Band dürfte gewiß noch fehlen …
Aber dennoch: welche Schätze und welch ein brausendes Leben um das stille Haus ringsum! Ganz Frankreich zusammengepreßt in diese stillen Schätze, in dieses bunteste, lauteste Getriebe zwischen Oper und Louvre. Wirklich? Das ganze Frankreich –?
1914 in Bordeaux. Und jene Frage aus Paris erhält ihre bejahende Antwort. Der Winter war vorgeschritten und war so streng geworden, daß auf den Fässern am Kai Eiskrusten saßen. Aber der Winter hatte nicht viel Leben erstarren zu lassen, denn es war nicht viel Leben da. Drei, vier reichere Straßen mit weniger Bewegung, als sie bei uns eine stattliche Provinzstadt aufbringt, und dahinter die Langeweile, die Stille, die Leere einer verödeten Stadt. Ausgesogen von Paris, was ehedem ein belebtes, selbständiges Zentrum war, abgestorben die „zweite Hauptstadt" Frankreichs. In Bordeaux' Bibliothèque municipale empfand man keinen Gegensatz von Stille zu Lärm. Stille drinnen, Stille draußen. Kein halbes Dutzend Arbeitender traf ich in dem Bibliotheksaal an – und doch ist Bordeaux eine Universitätsstadt. Schätze gab es auch hier. Die Gelehrten von Bordeaux haben zwei Heilige, denen sie dienen: Montaigne und Montesquieu. Aber von solchen Reliquien abgesehen – die schöne Spinne hat ihr Netz über Frankreich gesponnen und hat es ausgesogen.
Dann 1916 in Deutschland. Plötzlich wieder hineinversetzt, aus der flandrischen Trostlosigkeit im Lazarettzug zurück ins unberührte deutsche Paradies. (Denn so erscheint es dem von draußen Kommenden.) In keiner „zweiten Hauptstadt", nicht

einmal in einem großen Provinzorte; nur im alten malerischen Paderborn. Als ich wieder gehen kann, suche ich mir Bücher zu verschaffen, einen stilleren Leseraum zu erobern. Im „Leoconvict" ist es gestopft voll von Kranken und verwundeten Soldaten. Aber oben sind die neuen Räume der bischöflichen Bibliothek. Ich darf hinein, darf alles sehen, darf mir selber Bücher wählen. Viel studierendes Volk ist nicht da, noch weniger fast als in Bordeaux. Auch die Seminaristen, die angehenden katholischen Theologen, sind in den Krieg gegangen. Nur ein alter Bibliothekar schafft unermüdlich. Die Bibliothek soll neu geordnet und aufgenommen werden, die Arbeit darf auch während des Krieges nicht stocken. Und wieviel Wertvolles haben sie hier – trotz Berlin, heißt es mit Stolz! Und nicht etwa nur katholisch Theologisches: wie reichlich sind die Herren Gegner, wie reichlich auch die anderen Wissenschaften vertreten ...

Was ist Paderborn? Eine deutsche Stätte unter fünfzig und hundert! Und wie harmoniert der Reichtum der Bibliothek mit der Mannigfaltigkeit, dem frischen Getriebe der kleinen Stadt.

Und wieder hinaus und wieder zurück. A u g u s t   1 9 1 6   i n   L e i p z i g. Draußen das ungeheure, das rasende Ringen, der Ansprung neuer Feinde, der angehaltene Atem der Entscheidung. Und mitten im Kriege hat sich der Herrscher Leipzigs, hat das d e u t s c h e   B u c h einen neuen Palast gebaut. Ganz aufgerichtet steht er da, und mehr, viel mehr: ganz eingerichtet, ganz belebt. Die Bücher, die Zeitschriften – alles was in Deutschland an literarischen Werten seit drei Jahren geschaffen worden ist, türmt nun hier auf, wohlgeordnet, jedem zur Hand, der sich belehren will. Von der eigenen Arbeitsstätte kann ich am besten das Wesen einer Stadt in mich aufnehmen: nirgends ist mir das leichter gemacht als hier in Leipzig. Vom Fenster der Bücherei aus sehe ich den wuchtenden einsamen Block des Völkerschlachtdenkmals. In einem anderen Fenster spiegelt sich der goldene Turm der russischen Kirche, die nur aus diesem Turm zu bestehen scheint; sie liegt unbenutzt[, L.P.] wurde vor dem Kriege fertig, ein Wahrzeichen friedlicher und gastlicher Bestrebungen Deutschlands. Die Beeteinfassung vor der Kirche trägt keinen Blumenrand, sondern einen ebenso hübschen wie zweifarbigen Streifen aus Kriegsgemüse. Und Kriegsgemüse wächst um die Lauben auf dem noch freien Land vor der gewaltigen, geschwungenen Front des neuen Bücherschlosses. Jenseits des Feldes aber, nicht allzu fern, erhebt sich die Stadt mit Türmen und Kuppeln und Essen.

Komme ich abends heim, dann höre ich wohl Trommeln und Pfeifen. Ein Trupp Kameraden zieht aus. Väter schreiten mit und tragen das Gewehr des Sohnes, Mütter, die allzu oft schon in Schwarz gehen, junge Mädchen. Das altgewohnte Bild, gegen das es keine Abstumpfung gibt … Das Leben der großen Stadt schlägt über den Abziehenden zusammen. Das hat nichts Rohes an sich, nur Tröstliches. Die Kameraden wissen, wofür sie kämpfen – und was für sie mitkämpft …

Dr. K. V.

Literaturempfehlungen
(in Auswahl und nach Erscheinungsjahren geordnet)

Vorbemerkung

Ein vollständiges Verzeichnis der Schriften Victor Klemperers (selbständige Veröffentlichungen und Beiträge in Sammelwerken, Zeitschriften und Zeitungen) liegt bislang nicht vor. Ebenso fehlt eine Bibliographie der Arbeiten über Victor Klemperer.
Die gründlichste Übersicht bietet immer noch der Eintrag zu Victor Klemperer im Lexikon deutsch-jüdischer Autoren. Bd. 14: Kest–Kulk. Berlin, Boston, Mass.: de Gruyter 2006, S 100–117.
Die neueste Zusammenstellung der selbständig erschienen Werke seit 1923 und eine Auswahl der Sekundärliteratur sind als Bestandteil der Online-Datenbank der Tagebücher Victor Klemperers (unter dem unzutreffenden Titel *Gesamtbibliographie*) verfügbar:
https://db.degruyter.com/staticfiles/content/dbsup/KLEMP_5_Bib liographie.pdf (abgerufen 02.12.2020).

Biographisches

Victor Klemperer. Ein Leben in Bildern. Hrsg. von Christian Borchert ... Mit einem Nachw. von Klaus Schlesinger. Berlin: Aufbau-Verlag 1999.

Claudia Buhles: "... nur wahr will ich schreiben ..." Viktor Klemperer in der Weimarer Republik. Alltag und Selbstverständnis eines deutsch-jüdischen Professors. Saarbrücken: Conte-Verlag 2003.

Walter Nowojski: Victor Klemperer (1881–1960). Romanist – Chronist der Vorhölle. Teetz: Hentrich und Hentrich 2004.

Peter Jacobs: Victor Klemperer – im Kern ein deutsches Gewächs. Berlin: Aufbau-Taschenbuch. 3. Aufl. 2010.

Denise Rüttinger: Schreiben ein Leben lang. Die Tagebücher des Victor Klemperer. Bielefeld: Transcript 2011.

Lothar Zieske: Schreibend überleben, über Leben schreiben. Aufsätze zu Victor Klemperers Tagebüchern der Jahre 1933 bis 1959. Berlin: Hentrich & Hentrich 2013.

Klemperer, Viktor [sic!]. In: Verfolgung und Auswanderung deutschsprachiger Sprachforscher 1933-1945. Online-ressource https://zflprojekte.de/sprachforscher-im-exil/ (abgerufen 25.06.2020)

Tagebücher und Briefe
(nur jeweils neueste Ausgaben)

Victor Klemperer: Und so ist alles schwankend. Tagebücher Juni bis Dezember 1945. Hrsg. von Günter Jäckel. Unter Mitarb. von Hadwig Klemperer. Berlin: Aufbau-Taschenbuchverlag 1996.

Victor Klemperer: Curriculum Vitae. Erinnerungen 1881–1918. Hrsg. von Walter Nowojski. 2 Bde. Berlin: Aufbau-Taschenbuchverlag 1996.

Victor Klemperer: So sitze ich denn zwischen allen Stühlen. Die Tagebücher 1945–1959. Hrsg. von Walter Nowojski. 2 Bde. Berlin: Aufbau-Verlag 1996.

Victor Klemperer: Leben sammeln, nicht fragen wozu und warum. Tagebücher 1918–1932. 2 Bde. Berlin: Aufbau-Taschenbuch-Verlag 2000.

Victor Klemperer: Ich will Zeugnis ablegen bis zum letzten. Tagebücher 1933–1945. Hrsg. von Walter Nowojski unter Mitarb. von Hadwig Klemperer. Überarb. Neuausgabe. 2 Bde. Berlin: Aufbau-Verlag 2015.

Victor Klemperer: Man möchte immer weinen und lachen in einem. Revolutionstagebuch 1919. Mit e. Vorw. von Christopher Clark und e. histor. Essay von Wolfram Wette. Berlin: Aufbau-Taschenbuchverlag 2016.

Victor Klemperer: Warum soll man nicht auf bessere Zeiten hoffen. Ein Leben in Briefen. Hrsg. von Walter Nowojski und Nele Holdack. Berlin: Aufbau-Verlag 2017.

Klemperer Online: Tagebücher 1918–1959. Herausgegeben von: Walter Nowojski und Christian Löser. Datenbank: De Gruyter Oldenbourg 20.03.2019
https://www.degruyter.com/view/db/klemp

LTI und LQI

Victor Klemperer: LTI. Notizbuch eines Philologen. Nach der Ausgabe letzter Hand hrsg. und komm. von Elke Fröhlich. Ditzingen: Reclam 2020.
auch als E-Book im EPUB-Format

Heidrun Kämper: LQI – Sprache des Vierten Reichs. Victor Klemperers Erkundungen zum Nachkriegsdeutsch. In: Sprache im Leben der Zeit. Beiträge zur Theorie, Analyse und Kritik der deutschen Sprache in Vergangenheit und Gegenwart. Helmut Henne zum 65. Geburtstag. Hrsg. von Armin Burkhardt und Dieter Cherubim. Tübingen: Niemeyer 2001, S. 175–194.
https://nbn-resolving.org/urn:nbn:de:bsz:mh39-32805

Kristine Fischer-Hupe: Victor Klemperers „LTI. Notizbuch eines Philologen". Ein Kommentar. Hildesheim, Zürich, New York: Olms 2001.

Klaus Bochmann: Victor Klemperer und die politische Sprache nach 1945. Sitzungsberichte der Leibniz-Sozietät der Wissenschaften zu Berlin. 114 (2012), 140–151.
Online-Ressource: https://leibnizsozietaet.de/wp-content/uploads/2012/12/14-Bochmann.pdf

"..., LTI, LQI, ..." – Von der Unschuld der Sprache und der Schuld der Sprechenden. Mannheim : Leibniz-Institut für Deutsche Sprache (IDS) 2019
Online-Ressource https://ids-pub.bsz-bw.de/frontdoor/index/index/docId/8971

Film/Kinotagebuch

Victor Klemperer: Licht und Schatten. Kinotagebuch 1929–1945. Hrsg. von Nele Holdack und Christian Löser. Mit einem Vorwort von Knut Elstermann. Aufbau-Verlag Berlin: Aufbau 2020
auch als E-Book im EPUB-Format

Bildnachweis

Frontispiz, S. 2, S. 22 o. und u., S. 23 u., S. 24 o. und u., S. 25 o. und u., S. 25 o. und u., S. 44 o., S. 45 o. und u., S. 62 o., S. 80 o. und u., S. 81 o. und u., S. 82, o. und u., S. 83 o. und u.: privat

S. 21 o. und u., S. 23 o., S. 44 u., S. 62 u.: Wikipedia, gemeinfrei

Personenregister

Klinger, Max 67
Köhler, Annemarie 9
Krauss, Werner 19, 20, 90
Landt, Ernst 50
Lenin, Wladimir Iljitsch 17
Lerch, Eugen 19, 20
Lindau, Paul 15
Ludendorff, Erich 30, 34, 39
Luther, Arthur 75
Mann, Thomas 73
Maupassant, Guy de 41
Mayer
    Feldwebel 50, 59, 60
Meinecke, Friedrich 56
Messel, Alfred 64
Mohr
    Unteroffizier 50, 56
Montesquieu, Charles-Louis de Secondat, Baron de La Brède et de 19
Muncker, Franz 18
Nammacher, Clara 64
Neumann-Hofer, Adolf 32, 49, 50, 51, 54, 59, 74
Nietzsche, Friedrich 72
Nikisch, Arthur 73
Nowojski, Walter 88
Oehlmann, Carl 72
Oehlmann, Gertrud 69, 71, 72, 89
Paul, Hermann 18

Philalethes *Siehe* Johann I., König von Sachsen
Platen, Paul 67
Porten, Henny 71
Puschkin, Alexander Sergejewitsch 75
Rößler
    Offiziersstellvertreter 51
Saudek, Rudolf 72, 73
Schlemmer, Eva *Siehe* Klemperer, Eva
Schmidt-Niechciol, Arnold 72, 73
Schmidt-Rotluff, Karl 32
Schopenhauer, Arthur 72
Schott, Georg 17, 28
Schwilgin
    Zensor in Leipzig 54
Seemann, Arthur 47, 48
Seffner, Carl 67
Siegismund, Karl 46, 47, 48, 53
Spielhagen, Friedrich 15, 16, 18
Stilke, Georg 39, 40, 42
Stilke, Hermann 39, 40, 41
Streller, Anna 64
Struck, Hermann 32
Tobler, Adolf 13
Tolstoi, Lew Nikolajewitsch 75
Ton, Max 52, 53, 60, 66

Anmerkungen

1   Zu Ausgaben der Tagebücher siehe die Literaturempfehlungen, S. 78 ff.

2   Victor Klemperer: Warum soll man nicht auf bessere Zeiten hoffen. Ein Leben in Briefen. Hrsg. von Walter Nowojski und Nele Holdack unter Mitarb. von Christian Löser. Berlin: Aufbau 2017. Im Folgenden abgekürzt zitiert als Briefe. Aus dem hier behandelten Zeitraum von 1909 bis 1919 sind allerdings lediglich sechs Briefe überliefert.

3   Nach den Verlagsangaben zur Datenbank der kompletten Tagebücher Victor Klemperers: www.degruyter.com/view/db/klemp (abgerufen 01.12.2020).

4   Vgl. Hans-Jörg Neuschäfer: Vom Journalismus zur Literaturwissenschaft: Klemperer Geschichte der französischen Literatur im 19. und 20. Jahrhundert (1800–1925). In: Lendemains. Etudes comparées sur la France 82/83 (1996), S. 127–144.

5   Victor Klemperer: LTI. Notizbuch eines Philologen. Berlin: Aufbau-Verlag 1947, S. 24.

6   Elke Fröhlich: Nachwort. In: LTI. Notizbuch eines Philologen. Nach der Ausg. letzter Hand hrsg. und komm. von Elke Fröhlich. Ditzingen: Reclam [2018], S. 416.

7   Siehe dazu die Literaturhinweise auf S. 97 f.

8   Victor Klemperer: Curriculum vitae. Erinnerungen 1881–1918. Hrsg. von Walter Nowojski. 2 Bde. Berlin : Aufbau-Verlag 1996. Im Folgenden abgekürzt zitiert als CV 1 bzw. CV 2.

9   Zum Diskurs um sog. Ego-Dokumente oder Selbstzeugnisse vgl. stellvertretend: Ego-Dokumente. Annäherung an den Menschen in der Geschichte. Hrsg. von Winfried Schulze. Berlin: Akademie-Verlag 1996; Selbstzeugnis und Person. Transkulturelle Perspektiven. Hrsg. von Claudia Ulbrich ... Köln, Weimar, Wien: Böhlau 2012.

10 CV 2, S. 461–633.

11 Auf diesen Entwurf wurde in der Buchausgabe hingewiesen, aber auf einen Abdruck verzichtet. Vgl. CV 2, S. 749.

Der knappe Text wurde dann als Anmerkung in der Ausgabe der Tagebücher von 1918 bis 1932 aufgenommen. Vgl. Victor Klemperer: Leben sammeln, nicht fragen wozu und warum. Tagebücher 1918–1932. Hrsg. von Walter Nowojski. Unter Mitarb. von Christian Löser. 2 Bde. Berlin 1996; hier Bd. 1, S. 901 f. Im Folgenden zitiert als TB 1918–1932 1 bzw. 2.

12 „Vom 15/7 15 bis 31/I 19 war ich Soldat." LS 1, S. 67.

13 CV 2, S. 492.

14 Vgl. Lothar Poethe: „Wir kamen mit großer Voreingenommenheit hin und wurden entwaffnet, bekehrt, gewonnen" Victor Klemperer in Leipzig (1916–1918/19). In Leipziger Blätter 75 (2019), S. 74–76.

15 Derartige Irrtümer wurden von den Bearbeitern der Anmerkungen bzw. Register des *Curriculums* in den vom Vf. registrierten Fällen nicht nachträglich korrigiert. Vgl. dazu auch Momme Brodersen: Victor Klemperer. Curriculum vitae. In: Germanistik 38 (1997), S. 278.

16 Zu Ober Ost vgl. Kai-Achim Klare: Imperium ante portas. Die deutsche Expansion in Mittel- und Osteuropa zwischen Weltpolitik und Lebensraum (1914–1918). Wiesbaden: Harrassowitz Verlag 2020. Zugl. Diss., Albert-Ludwigs-Universität Freiburg, 2018; Vejas Gabriel Liulevicius: Kriegsland im Osten: Eroberung, Kolonisierung und Militärherrschaft im Ersten Weltkrieg. Aus dem Amerikan. von Jürgen Bauer ... Hamburg : Hamburger Ed. 2002.

17 Zu den biographischen Angaben vgl. die Literaturauswahl am Ende. Zu Georg Klemperer vgl. Ulrike Wolf: Leben und Wirken des Berliner Internisten Georg Klemperer (1865–1946). Aachen: Shaker 2003. Zugl.: Berlin, Humboldt-Univ., Diss., 2001.

18 Vgl. Lothar Mertens: Das Einjährig-Freiwilligen Privileg (sic!]. Der Militärdienst im Zeitgeist des deutschen Kaiserreichs. In: Zeitschrift für Religions- und Geistesgeschichte 42 (1990) 4, S. 316–329, hier S. 324. Ders.: Das Privileg des Einjährig-Freiwilligen Militärdienstes im Kaiserreich und seine gesellschaftliche Bedeutung. Zum Stand der Forschung. In: Militärwissenschaftliche Zeitschrift 39 (2014) 1, S. 59–66.

19 CV 1, S. 360–363.

20 Victor Klemperer: Die Vorgänger Friedrich Spielhagens. München, Phil. Diss., 1913, nach S. 68.

21 Vgl. CV 1, S. 394–397.

22 CV 1, S. 554; 583.

23 Widmung vom 1. November 1925 zu Victor Klemperer: Romanische Art. Geistesgeschichtliche Studien. München: Max Hueber Verlag 1926, S. 5. In der Widmung zu LTI verwendete er 1947 genau diese Charakterisierung von geistiger Gütergemeinschaft und Eva als Miteigentümerin, vgl. LTI. Notizbuch eines Philologen. Berlin: Aufbau-Verlag 1947, S. 5.

24 Diese Zuschreibung findet sich in der autobiographischen Notiz zu Victor Klemperer: Aus härteren und weichern Tagen. Geschichten und Phantasien. Berlin, Leipzig: Hillger [1910]. Hier auch der Hinweis auf die Entstehungszeit.

25 Victor Klemperer: Talmud-Sprüche. Eine Kulturskizze. Großenhain [u. a.] : Baumert & Ronge, [1906]. Vorausgegangen war eine Auswahl unter dem Titel: Hebräische Spruchweisheit. In: Ost und West. Illustrierte Monatsschrift für das gesamte Judentum 6 (1906) 1 (Januar 1906), S. 67. Vgl. CV 1, S. 413.

26 CV 1, S. 503.

27 CV 1, S. 517. Klemperer bezog sich auf seine 1910 unter dem Titel „Aus härteren und weichern Tagen" als Band 728 von Kürschners Bücherschatz erschienenen „Geschichten und Phantasien". Vgl. Robert N. Bloch: Kürschners Bücherschatz (1897–1923) Eine Bibliographie. Giessen: Lindenstruth 2005, S. 38. Die Reihe mit 1369 Nummern gehörte neben *Reclams Universalbibliothek* und *Engelhorns Roman-Bibliothek* zu den drei umfangreichsten Reihen von Unterhaltungsliteratur um 1900. Ebda., S. 82.

28 Viktor Klemperer: Paul Heyse. Berlin: Pan-Verlag, 1907; Ders.: Adolf Wilbrandt. Eine Studie über seine Werke. Stuttgart [u. a.]: Cotta 1907; Ders.: Paul Lindau. Berlin: Concordia Deutsche Verl. Anstalt, [1909], 2. Aufl. 1909.

29 Victor Klemperer: Friedrich Spielhagen als Dramatiker und Dramaturg. In: Bühne und Welt 11 (1908/09) I, S. 492–496. Die Juden in Spielhagens Werken. Eine Studie zu seinem 80. Geburtstag. In: Allgemeine Zeitung des Judentums 73 (1909), 9, S. 104–106; 10, S. 116–118; Friedrich Spielhagens Zeitroman. In Westermanns illustrierte Monatshefte 3 (1909), S. 896.

30 CV 1, S. 432.

31 CV 1, S. 17; 432; 472–477.

32 Die Beiträge erschienen im Beiblatt *Der Zeitgeist* des Berliner Tageblatts (jeweils montags in der Morgenausgabe enthalten), vgl. 35 (1906) 626, Beibl. *Der Zeitgeist* 51 vom 17.12.1906 S. 13 f.; 36 (1907) 49, Beibl. *Der Zeit*geist 4 vom 28.1.1907, S. 13; 140 (1907) Beibl. *Der Zeitgeist* 11 vom 18.3.1907, S. 10; 227 (1907) Beibl. *Der Zeitgeist* 18 vom 6.5.1907, S 14; 288 (1907) Beibl. *Der Zeitgeist* 23 vom 10.6.1907, S. 11; 353 (1907) Beibl. *Der Zeitgeist* 28 vom 15.7.1907, S. 11; 637 (1907) Beibl. *Der Zeitgeist* 50 vom 16.12.1907, S. 15; diese in einem eigenen Band: Victor Klemperer: Berliner Gelehrtenköpfe. Potsdam: Stein 1910.

33 Victor Klemperer: Detlev von Liliencron. In: Preußische Jahrbücher 132 (1908) S. 314–339.

34 Victor Klemperer: Deutsche Zeitdichtung von den Freiheitskriegen bis zur Reichsgründung. 2 Tle. Berlin, Leipzig: Hillger 1910. Der Titel erschien in der Reihe *Bücher des Wissens* als Band 142 und 143 mit einem Umfang von 103 bzw. 106 Seiten.

35 Vgl. Allgemeine Zeitung des Judenthums. 72 (1908), H. 49, Beil., S. 2; 74 (1910) H. 1, Beil., S. 1; zu Georgs Äußerung vgl. Briefe, S. 23.

36 Schott war zu diesem Zeitpunkt nicht mehr im aktiven Dienst; vgl. Deutsche Rangliste 1912, S. 336, dort unter der 1. Ingenieurinspektion (Berlin) des Ingenieurs- und Pionierkorps: Generalleutnant Schott mit dem Zusatz z[ur]. D[isposition].

37 Vgl. dazu Claudia Margraf-Buhles: Victor Klemperer im Kreise seiner Geschwister: Rebell und Hoffnungsträger. In. Historical Social Research 30 (2005) 3, S. 195–204.

38 CV 1, S. 601.

39   Vgl. CV 1, S. 349 f. Victor wurde entgegen dem ersten Musterungsbefund nicht vor dem Studium zum Militärdienst einberufen.

40   Georg übertrug die Beurkundung des Todes Victor, vgl. CV 1, S. 396; Landesarchiv Berlin; Personenstandsregister Sterberegister; Schöneberg II. Urkunde Nummer: 134. Ancestry.com. Berlin, Deutschland, Sterberegister, 1874–1920 [database on-line]. Provo, UT, USA: Ancestry.com Operations, Inc., 2014 (abgerufen 18.6.2020).

41   CV 1, S. 599.

42   Victor Klemperer: Die Vorgänger Friedrich Spielhagens. München, Phil. Diss., 1913. Die vollständige Dissertation erschien im gleichen Jahr: Victor Klemperer: Die Zeitromane Friedrich Spielhagens und ihre Wurzeln. Weimar: Duncker 1913 (Forschungen zur Neueren Literaturgeschichte 43). Die beiden Texte werden in den Klempererbiographien meist nicht voneinander unterschieden. Der Dissertationsdruck enthielt lediglich die ersten beiden Kapitel der Arbeit; die Buchhandelsausgabe enthielt vier weitere Kapitel und einen Ausblick und war mit 179 Seiten mehr als eineinhalbmal umfangreicher.

43   CV 2, S. 10.

44   Victor Klemperer: Montesquieu. Heidelberg: Winter München, Phil. Hab.-Schr., 1914; die vollständige Buchausgabe: Victor Klemperer: Montesquieu. Bd. 1, 1914; Bd. 2, 1915. Heidelberg: Winter. (Beiträge zur neueren Literaturgeschichte 6 und 7). Zur Bedeutung für die Romanistik vgl. Edgar Mass: Klemperers *Montesquieu*. In: Etudes comparées sur la France 82/83 (1996), S. 39–53.

45   Vgl. Patrick Ostermann: Vom Freund- zum Feindbild in Zeiten des Krieges: Über den Wandel in Victor Klemperers Italienperzeption. In: Leviathan 31 (2003) 2, S. 219–241.

46   Heidrun Kämper: Das Sprach- und Kulturkonzept Victor Klemperers. In: Victor Klemperers Werk. Texte und Materialien für Lehrer. Hrsg. von Karl-Heinz Siehr. Berlin: Aufbau-Taschenbuchverlag 2002, S. 53–69, hier S. 67 f. *Idealistische Neuphilologie* war der Titel der 1922 von Lerch und Klemperer herausgegebenen Festschrift für ihren akademischen Lehrer Karl Vossler.

47   CV 2, S. 635. Zu Becker vgl. https://research.uni-leipzig.de/catalogus-professorum-lipsiensium/leipzig/Becker_12 (abgerufen 19.12.2019)

48   TB 1918–1932 1, S 143.

49   Werner Krauss: Charakteristik der wissenschaftlichen Befähigung von Prof. Dr. Victor Klemperer. Typoskript in NL Krauss [Archiv der Berlin-Brandenburgischen Akademie der Wissenschaften]. GUTA, S. 1. Zit. nach Werner Krauss / Rita Schober: Briefe 1951–1975, (Einführung: Karlheinz Barck). In: lendemains 33 (2008) 130/131, S. 249–281, hier S. 251.

50   In Bayern waren damit die ältesten wehrpflichtigen Jahrgänge gemeint.

51   CV 2, S. 179. f.

52   CV 2, S. 277.

53   In etlichen Klemperer-Studien wird der Einberufungstermin Juli 1915 mit dem Fronteinsatz ab November 1915 verwechselt.

54   Emil Beckh: Das Reserve-Feldartillerie-Regiment Nr. 6 im Weltkrieg 1914/1918. Nach d. amtl. Kriegstagebüchern u. Aufzeichnungen v. Kameraden. München: Schick 1940, S. 4.

55   Emanuel Graf von Holnstein: Das K. B. 7. Feldartillerie-Regiment Prinzregent Luitpold im Frieden u. im Krieg 1900–1919. München: Schick 1933, hier S. 20 f.

56   TB 1914–1932 1, S. 24.

57   Bayerisches Hauptstaatsarchiv; München; Abteilung IV Kriegsarchiv. Kriegsstammrollen, 1914–1918; Band: 14066. Kriegsstammrolle: Bd. 5, lfd. Nr. 9.; Bd. Band 14039, Kriegsstammrolle Bd. 6, lfd. Nr. 1324. Ancestry.com. Kriegsranglisten und -stammrollen des Königreichs Bayern, 1. Weltkrieg 1914-1918 [database on-line] (abgerufen 2.4.2020) (Im Folgenden abgekürzt zitiert als Kriegsstammrollen).

58   Vgl. die Charakterisierungen des Batteriechefs Oberleutnant bzw. Hauptmann Forch und anderer Offiziere CV 2, S. 358 f. Zu den Offizieren 1915/16 vgl. Emil Beckh: Das Reserve-Feldartillerie-Regiment Nr. 6 im Weltkrieg 1914/1918. Nach d. amtl. Kriegstagebüchern u. Aufzeichnungen v. Kameraden. München: Schick 1940, S. 435–440.

59 CV 2, S. 432 f. Für die in vorderster Linie stehenden Mannschaften zählte er zu den „Akihl" – Artilleriekommandeuren in hinterer Linie.

60 CV 2, S. 422 f.

61 Kriegsstammrolle 13413. Bd. 1, lfd. Nr. 232.

62 CV 2, S. 439; Kriegsstammrollen, 14007. Bd. 5.

63 CV 2, S, 454; Kriegsstammrollen, 14007. Bd. 5.

64 CV 2, S. 539.

65 Kriegsstammrollen 14039: Bd. 6, lfd. Nr. 1324. Eine in Klempererbiographien oft genannte Versetzung zum Militärgouvernement Litauen im August 1916 ist irrig; diese erfolgte erst nach der Auflösung der Leipziger Buchprüfungsstelle im Oktober 1918, vgl. oben S. 52.

66 Siehe dazu weiter unten auf S. 55.

67 Die immer noch treffendste und knappste Definition vgl. Helmut Otto, Karl Schmiedel: Der erste Weltkrieg. Militärhistorischer Abriß. 4., berichtigte Aufl. Berlin: Militärverlag der DDR 1983, S. 455.

68 Vgl. zuletzt Jesko von Hoegen: Der Held von Tannenberg. Genese und Funktion des Hindenburg-Mythos. Köln, Weimar, Wien: Böhlau 2007. Zugl. Stuttgart, Univ., Diss., 2005.

69 Die zeitgenössische Bezeichnung des besetzten und militärisch verwalteten Territoriums wurde durch die intensive Öffentlichkeitsarbeit der Presseabteilung in die Öffentlichkeit transportiert. Vgl. exemplarisch dazu Das Land Ober Ost. Deutsche Arbeit in den Verwaltungsgebieten Kurland, Litauen und Bialystok-Grodno. Hrsg. im Auftr. des Oberbefehlshabers Ost. Bearb. von der Presseabteilung Ober Ost. Verlag der Presseabteilung Ober Ost 1917.

70 Abba Strazhas: Deutsche Ostpolitik im Ersten Weltkrieg. Der Fall Ober Ost 1915–1917. Wiesbaden: Harrassowitz 1993, S. 112.

71 Zu „Ober Ost" insgesamt vgl. zuletzt Vejas Gabriel Liulevicius: Kriegsland im Osten: Eroberung, Kolonisierung und Militärherrschaft im Ersten Weltkrieg. Aus dem Amerikan. von Jürgen Bauer ... Hamburg: Hamburger Edition 2002.

72 Erich Ludendorff: Meine Kriegserinnerungen 1914–1918. 9., durchges. Aufl. Berlin: Mittler 1926, S. 148.

73 CV 1, S. 315.

74 CV 2, S. 467.

75 CV 2, 612.

76 Felix Klemperer an Victor Klemperer. 17. VII. 16.: „Lieber! In Eile folgendes. Ich habe mir erlaubt, in Deine militär. Karrière einzugreifen. Hoffentlich mit Deiner nachträglichen Zustimmung. Am Sonnabend Nachm (15. VII.) ging folgendes Telegramm aus Kowno ab: III Bayr. Reserve Armeekorps. Drahtantwort erbeten, ob Kanonier Victor Klemperer 6 Batt., 6 Bayr Feldart Regt 6 Bayr Res. Divis., z. Zt Lazarett Bad Driburg, zur Verwendung bei Buchprüfungsamt Ob. Ost. zur Verfügung gestellt werden kann. Wenn ja, Inmarschsetzung über Eydtkuhnen nach Hauptquartier Ost. Meldung bei Hauptmann Bertkau, Hindenburgstr 28. Presseabteilung Nr … Unterschrift: Oberbefehlshaber Ost.". Briefe, S. 34 f. Ein Mitwirken von Ludendorff, der etwa Klemperer wie andere Intellektuelle in eine „Akademie" in Ober Ost berufen haben sollte, lässt sich nicht erkennen, so generell Vejas Gabriel Liulevicius: Kriegsland im Osten, Eroberung, Kolonisierung und Militärherrschaft im Ersten Weltkrieg. Aus d. Amerikan. von Jürgen Bauer, Edith Nerke und Fee Engemann. Hamburg: Hamburger Edition [2018], S. 145.

77 Briefe, S. 36 f.

78 Friedrich Bertkau: Das amtliche Zeitungswesen im Verwaltungsgebiet Ober-Ost. Beitrag zur Geschichte der Presse im Weltkrieg. Leipzig: Verlag Emmanuel Reinicke. (Das Wesen der Zeitung. N. F. Bd. 1, H. 2), zugl. Univ. Leipzig Phil. Diss. 1928, hier den Geschäftsverteilungsplan der Presseabteilung S. 161 f.

79 Vgl. CV 2, S. 461, 462, 488.

80 CV 2, S. 477.

81 CV 2, S. 477.

82 C V 2, S. 482.

83 So z. B. ungenau und zum Teil völlig falsch bei Walter Nowojski: Victor Klemperer (1881–1960). Romanist – Chronist der Vorhölle, insbes. S. 20 f.; ebenso bei Peter Jacobs: Victor Klemperer - im Kern ein deutsches Gewächs. Eine Biographie. 3. Aufl. Aufbau Verlag 2010, hier S. 82. Dass zum Kowner Intellektuellenkreis der Schriftsteller Hanns Heinz Ewers gehört habe, wie Nowojski, S. 20 an-

gibt, ist eine Verwechslung mit dem in Kowno als Mitarbeiter der Presseabteilung von Klemperer beschriebenen Landsturmmann Ewers, im Zivilberuf Gymnasiallehrer, vgl. CV 2, S. 464 ff. Hanns Heinz Ewers hielt sich während des Kriegs in den USA auf. Zur Annahme einer von der Militärführung gelenkten Ansammlung von Intellektuellen, vgl. Liulevicius, S. 145.

84 So Elke Fröhlich im Kommentar zu LTI, S. 342.

85 CV 2, S. 677; zur sog. Flucht aus Wilna vgl. S. 78; vgl auch „Das Resumé von 1918", wo es heißt: „Der Waffenstillstand, das Scheitern meiner Hoffnungen ... Dann habe ich in Wilna zwei Wochen Dienst getan. Seit Mitte November bin ich hier [in Leipzig L. P.] ...", LS 1, S. 41.

86 CV 2, S. 484 über Eindrücke seines kurzen Aufenthalts in Kowno.

87 CV 2, S. 481. Klemperer ging an dieser Stelle in seiner Ablehnung des Zionismus rückblickend aus der NS-Zeit noch weiter: diese Gesinnung gebe Hitler recht und hat ihm vorgearbeitet, „... und manchmal ist es mir wahrhaft zweifelhaft, ob ein wesentlicher Unterschied besteht zwischen einem Nationalsozialisten und einem Zionisten ...".

88 CV 2, S. 687.

89 Militär und Innenpolitik im Weltkrieg 1914–1918. Bearb. von Wilhelm Deist. 1. Teil. Düsseldorf: Droste Verlag 1970. Nr. 62, S. 134.

90 Nachtrag zur Zusammenstellung von Zensurverfügungen des Kriegsministeriums, des stellv. Generalstabs und der Oberzensurstelle des Kriegspresseamts. Hrsg. von der Oberzensurstelle im Sept. 1916. Berlin 1916, Erlaß Nr. 9054/1.16. A.Z., S. 5–7.

91 Vgl. Friedrich Bertkau: Das amtliche Zeitungswesen im Verwaltungsgebiet Ober-Ost. Beitrag zur Geschichte der Presse im Weltkrieg. Leipzig: Verlag Emmanuel Reinicke. (Das Wesen der Zeitung. N. F. Bd. 1, H. 2), zugl. Univ. Leipzig Phil. Diss. 1928.

92 Das Land Ober Ost. Deutsche Arbeit in den Verwaltungsgebieten Kurland, Litauen und Bialystok-Grodno. Hrsg. im Auftr. des Oberbefehlshabers Ost. Bearb. von der Presseabteilung Ober Ost. Verlag der Presseabteilung Ober Ost 1917, S. 142–144. Zum Geschäftsverteilungsplan der Pres-

seabteilung vgl. Bertkau: Das amtliche Zeitungswesen im Verwaltungsgebiet Ober-Ost, S. 161–162.

93 Neue Verordnung über die Presse im Bereich des Oberbe-fehlshabers Ost. In: Börsenblatt für den Deutschen Buch-handel 83 (1916) 175, S. 1015. Im Folgenden zitiert als Bbl.

94 Eine Verwechslung zwischen Buchprüfungsamt und Buch-prüfungsstelle liegt der Annahme zugrunde, das Bupra sei nach Leipzig „verlegt" worden. Es befand sich bis September 1918 in Kowno, später in Wilna. vgl. Victor Klemperer: ein Leben in Bildern. Hrsg. von Christian Borchert ... Mit einem Nachw. von Klaus Schlesinger. Berlin: Aufbau-Verlag 1999, S. 48.

95 Erich Ludendorff: Meine Kriegserinnerungen 1914–1918. 9., durchges. Aufl. Berlin: Mittler 1926, S. 159 f.

96 Richard Dehmel: Zwischen Volk und Menschheit. Kriegs-tagebuch Berlin: S. Fischer 1919, S. 448–467, hier S. 456.

97 Zur richtigen Handhabung der Verordnung über die Presse im Bereich des Oberbefehlshabers Ost vom 10.7.1916. In: Bbl 83 (1916) 198, S. 1119–1120. 188, S. 1079.

98 Einfuhr von Büchern, Druckschriften und Ansichtkarten in Ob. Ost. In: Bbl 84 (1917) 3, S. 12; Bestimmungen über die Einfuhr von Druck-Erzeugnissen in das Gebiet des Ober-fehlshabers Ost (Gültig vom 15. April 1917 ab). In: Bbl 84 (1917) 88, S. 375–376.

99 Dehmel, S. 454.

100 Dehmel, S. 457 f.

101 Bertkau, S. 160.

102 Vgl. dazu auch Kai-Achim Klare: Imperium ante portas. Die deutsche Expansion in Mittel- und Osteuropa zwischen Weltpolitik und Lebensraum (1914–1918) Wiesbaden: Har-rassowitz Verlag 2020. Zugl. Diss., Albert-Ludwigs-Universität Freiburg 2018, S. S. 418–442.

103 Zur richtigen Handhabung der Verordnung über die Presse im Bereich des Oberbefehlshabers Ost vom 10.7.1916. In: Bbl 83 (1916) 198, S. 1119.

104 CV 2, S. 472.

105 Zur richtigen Handhabung der Verordnung über die Presse im Bereich des Oberbefehlshabers Ost vom 10.7.1916. In: Bbl 83 (1916) 198, S. 1119.

106 Verordnung über die Presse im Bereich des Oberbefehlshabers Ost vom 10. Juli 1916. In: 83 (1916) 227, S. 1252. Im Folgenden zitiert als Verordnung 10.7.1916.

107 Verordnung 10.7.1916.

108 Verordnung 10.7.1916.

109 Bbl 83 (1916) 236, S. 1288, Änderung der Zuständigkeit Einfuhr von Büchern, Druckschriften und Ansichtskarten in Ob. Ost. In: Bbl 84 (1917) 3, S. 12.

110 Einfuhr von Büchern, Druckschriften und Ansichtskarten in Ob. Ost. In: Bbl 84 (1917) 3, S. 12.

111 Vgl. dazu Christine Haug: Reisen und Lesen im Zeitalter der Industrialisierung. Die Geschichte des Bahnhofs- und Verkehrsbuchhandels in Deutschland von seinen Anfängen um 1850 bis zum Ende der Weimarer Republik. Wiesbaden: Harrassowitz 2007; hier S. 246–268.

100 Richard Dehmel: Zwischen Volk und Menschheit. Kriegstagebuch. Berlin: S. Fischer 1919, S. 456.

113 Verhandlungen des Reichstags. Bd. 319, Anlagen zu den Stenographischen Berichten. Anfrage Nr. 73 vom 3.11.1916, S. 979; Bd. 320, Anlagen zu den Stenographischen Berichten. Nr. 615 vom 15.2. 1917, S. 1095.

114 Bbl 84 (1917) 106, S. 535.

115 Auf derartige Publikationen machten die unterschiedlichsten Bildungs- bzw. Lehrervereine die Militärzensurbehörden aufmerksam. Als Exempel sei auf die folgenden Schriften verwiesen: Paul Samuleit: Kriegsschundliteratur: Vortrag. Berlin: Heymann 1916 (Flugschrift der Zentralstelle zur Bekämpfung der Schundliteratur in Berlin); Wilhelm Tessendorf: Die Kriegsschundliteratur und ihre Bekämpfung: mit einem Verzeichnis empfehlenswerter Kriegsschriften. Halle (Saale): Gesenius, 1916; Elisabeth Süersen: Die Stellung der Militär- und Zivilbehörden zur Schundliteratur. Berlin: Zentralstelle zur Bekämpfung d. Schundliteratur [1917].

116 CV 2, S. 470.

117 Elisabeth Süersen: Die Stellung der Militär- und Zivilbehörden zur Schundliteratur. Berlin: Zentralstelle zur Bekämpfung d. Schundliteratur [1917], S. 5.

118 Paul Samuleit: Kriegsschundliteratur: Vortrag. Berlin: Heymann 1916, S. 38–54 mit dem Wortlaut der bis dahin

von stellvertretenden Generalkommandos erlassenen Ver-
ordnungen über Schundliteratur.

119 CV 2, S. 546–547. Berliner Adressbuch (1918), 1, S. 269:
Inhaber Wilhelm Borngraeber. Der Verlag firmierte auch
unter Berlin und Leipzig.

120 CV 2, S. 472.

121 Bestimmungen über die Einfuhr von Druck-Erzeugnissen in
das Gebiet des Oberfehlshabers Ost (Gültig vom 15. April
1917 ab). In: Bbl 84 (1917) 88 (vom 17.4.1917), S. 375–
376, hier 376; Einfuhr von Büchern und Feldbuchhandel im
Gebiete des Oberbefehlshabers Ost. In: Bbl 84 (1917) 106,
S. 535.

122 Einfuhr von Büchern und Feldbuchhandel im Gebiete des
Oberbefehlshabers Ost. In: Bbl 84 (1917) 106, S. 535.

123 Einfuhr von Büchern und Feldbuchhandel im Gebiete des
Oberbefehlshabers Ost. In: Bbl 84 (1917) 106, S. 535 (vom
8.5.1917).

124 Vgl. Lothar Poethe: Deutsche Bücherei und Militärzensur
im 1. Weltkrieg. Das Buchprüfungsamt Ober Ost Leipzig
1916–1918. In: Leipziger Jahrbuch zur Buchgeschichte19
(2010) S. 173–193.

125 Bericht über die 25. Sitzung des Geschäftsführenden Aus-
schusses am 24. Juni 1916. Deutsche Nationalbibliothek
Leipzig Hausarchiv Abt. III, Nr. 4, Bd. 1, Bl. 336 ff. Im
Folgenden zitiert als DNB L HA.

126 General der Infanterie Otto von Below (1857–1944), vom
8.11.1914 bis Oktober 1916 Oberbefehlshaber der Njemen-,
später 8. Armee.

127 DNB Leipzig HA, Abt. III, Nr. 4, Bd. 1, Bl. 336 v.

128 Bericht über die Verwaltung der Deutschen Bücherei 5
(1917), S. 19.

129 Bertkau war im Zivilberuf Mitarbeiter des Ullstein-Verlags
und unterstand unmittelbar dem Generalstabschef Ober Ost.
Vgl. Friedrich Bertkau: Das amtliche Zeitungswesen im
Verwaltungsgebiet Ober-Ost. Beitrag zur Geschichte der
Presse im Weltkrieg. Leipzig: Verlag Emmanuel Reinicke,
S. 155 (Das Wesen der Zeitung. N. F. Bd. 1, H. 2), zugl.
Univ. Leipzig Phil. Diss. 1928; Vejas Gabriel Liulevicius:
Kriegsland im Osten: Eroberung, Kolonisierung und Mili-

tärherrschaft im Ersten Weltkrieg. Aus dem Amerikan. von Jürgen Bauer ... Hamburg: Hamburger Ed. 2002, S. 145.

130 DNB Leipzig HA, Abt. II, Nr. 11 [10], Bl. 1–2.

131 Ebenda.

132 Bericht über die 27. Sitzung des Geschäftsführenden Ausschusses der Deutschen Bücherei. 23.9.1916. DNB L HA, Abt. III, Nr. 4, Bd. 2, Bl. 22 r.

133 Ebenda, Bl. 22 r–23 r.

134 Vgl. zur Gründung der Oberzensurstelle im Oktober 1914 und ihrer 1915 erfolgenden Einbindung als Abteilung in das Kriegspresseamt: Wilhelm Deist: Einleitung. In: Militär und Innenpolitik im Weltkrieg 1914–1918, S. IL–L.

135 Nachtrag zur Zusammenstellung von Zensurverfügungen des Kriegsministeriums, des stellv. Generalstabs und der Oberzensurstelle des Kriegspresseamts. Hrsg. von der Oberzensurstelle im Sept. 1916. Berlin 1916, Erlaß Nr. 9054/1.16. A.Z., S. 6.

136 Bericht über die 26. Sitzung des Geschäftsführenden Ausschusses der Deutschen Bücherei. 26.8.1916. DNB L HA, Abt. III, Nr. 4, Bd. 2, Bl. 11 v. Dr. Adolf Neumann-Hofer (1867–1925) war ein linksliberaler Politiker und Publizist. Er gehörte als Mitglied der Freisinnigen Volkspartei bzw. der Fortschrittlichen Volkspartei seit 1907 dem Reichstag an und war 1919 Mitglied der Weimarer Nationalversammlung für die Deutschen Demokratische Partei. Vgl. Handbuch der verfassungsgebenden deutschen Nationalversammlung Weimar 1919. Hrsg. vom Bureau des Reichstags. Berlin: Carl Heymanns Verlag 1919, S. 223. Dessen Bruder, der Schriftsteller, Feuilletonist und Theaterdirektor Otto Neumann-Hofer (1857–1941), dürfte Klemperer in seiner Zeit als freier Schriftsteller bekannt geworden sein.

137 DNB Leipzig HA, Abt. II, Nr. 11 [10], Bl. 1.

138 Leipziger Adressbuch 95 (1916) 2, S. 119 bzw. S. 163. Ab 1917 unter Straße des 18. Oktober Nr. 89 96 (1917) 2, S. 364; 1918 unter der Hausnummer 85 97 (1918) 2, S. 359.

139 Victor Klemperer wurde am 18.7.1916 aus dem Lazarett Driburg zum Buchprüfungsamt, Hauptquartier des Oberbefehlshabers Ost versetzt: Bayerisches Hauptstaatsarchiv München, Kriegsstammrollen 14007. Bd. 5, lfd. Nr. 2181.

Vgl. Peter Jacobs: Victor Klemperer – im Kern ein deutsches Gewächs. Eine Biographie. 3. Aufl. Berlin: Aufbau-Taschenbuch 2010, hier S. 78–86.

140 CV 2, S. 499.

141 Vgl. unten Fußnote 154 die Erinnerungen von Max Ton an seine Teilnahme.

142 Dr. K. V. [d. i. Victor Klemperer]: Bibliotheken. In: Berliner Tageblatt und Handels-Zeitung 45 (1916), Morgenausg. vom 14.9.1916, S. 2.

143 Jahresbericht über die Verwaltung der Deutschen Bücherei 4 (1916), S. 23.

144 Bericht über die 27. Sitzung des Geschäftsführenden Ausschusses der Deutschen Bücherei. 23.9.1916. DNB L HA, Abt. III, Nr. 4, Bd. 2, Bl. 22 r.

145 Leipziger Adressbuch 96 (1917) 2, S. 364; 97 (1918) 2, S. 359.

146 Dabei dürfte es sich um die Hinterlassenschaft der Internationalen Ausstellung für Buchgewerbe und Graphik Leipzig 1914 (Bugra) gehandelt haben.

147 Der in den Unterlagen der DB Anfang August 1916 belegte Offiziersstellvertreter Dr. Rößler scheint zunächst Neumann-Hofer vertreten zu haben.

148 Bertkau, S. 162.

149 CV 2, S. 499.

150 Rößler an Wahl. Leipzig, 11.8.1916: DNB L HA II, 11, [10], Bl. 7 r–8 v. Als Klemperer eintraf, war Rößler wohl bereits nicht mehr in Leipzig, sondern zurück in Kowno. Einen Train-Leutnant Rößler als nächsten Mitarbeiter erwähnt Richard Dehmel in seinen Erinnerungen an seine Zeit beim Buchprüfungsamt der Presseabteilung Ober Ost vom 4. September bis 10. November 1916, vgl. Richard Dehmel: Zwischen Volk und Menschheit. Kriegstagebuch. Berlin: S. Fischer 1919, S. 455.

151 DNB Leipzig HA Personalakte Gustav Edwin Friedrich Gerischer. unfol. Im Folgenden zitiert als Personalakte Gerischer.

152 Personalakte Gerischer. Bl. 29 r und v.

153 Personalakte. Bl. 1 r.

154 Personalakte Ton, Max, Bl. 8 r; Bl. 10 r; Bl. 17 r; Bl. 23 r.

155 DNB Leipzig HA Abt. II, Nr. 11 [10], Bl. 6 r.

156 Friedrich Gerischer: Aus der Frühzeit der Deutschen Bücherei. Leipzig 1942, S. 28. Gerischer legte im Herbst 1918 die Prüfung für den mittleren Dienst ab und trat am 2.1.1919 wieder in den Dienst der DB. 1929 wurde er Bibliotheksinspektor. Vgl. dazu DNB L HA 153/1/2, Bl. 1.

157 CV 2, S. 500–501, bei Klemperer durchgängig „Gehrischer".

158 1916 war ihm der Sammelbeginn der Bibliothek geläufig, wenn er im *Berliner Tageblatt* von der vor drei Jahren begonnen Büchersammlung berichtete.

159 DNB Leipzig HA Abt. II, Nr. 11 [10], Bl. 19 r.

160 DNB Leipzig HA Abt. II, Nr. 11 [10], Bl. 14 r; 15 r und v; 17 r.

161 Klemperer, CV 2, S. 624.

162 Bei Klemperer stets Wohricek. Der Leipziger Rechtsanwalt beim Amts- und Landsgericht Dr. Emil Wohrizek, vgl. Leipziger Adressbuch 93 (1914) 1, S. 1032; 4, S. 21. Er vertrat 1919 die Ansprüche Max Tons gegenüber seiner früheren Arbeitsstelle. DNB L HA, Personalakte Ton, Max, Büchereigehilfe. Bl. 36 r und v.

163 CV 2, S. 499–500.

164 DNB Leipzig HA Abt. II, Nr. 11 [10], Bl. 9 r; 12 r und v.

165 DNB Leipzig HA Abt. II, Nr. 11 [10], Bl. 13 r.

166 CV 2, S. 469; zum folgenden vgl. ebenda, S. 470–472.

167 CV 2, S. 544.

168 CV 2, S. 503.

169 CV 2, S. 501; fraglich, ob damit gemeint war: Eugen Lewicky: Grosspolnische Träume und die Wahrheit über die polnische Frage. Berlin: E. Brückmann 1916.

170 CV 2, S. 502. Rudolf Kjellén: Die Großmächte der Gegenwart. Leipzig, Berlin: Teubner 1914; möglicherweise lag Klemperer die 1916 erschienene 11. Auflage vor. Die monierten Äußerungen vgl. insbes. S. 12–16.

171 CV 2, S. 502; Rudolf Kjellén: Die politischen Probleme des Weltkriegs. Aufsätze. Leipzig, Berlin: Teubner 1916.

172 Carl v. Noorden: Hygienische Betrachtungen über Volksernährung im Kriege. Stuttgart, Berlin: Deutsche Verl.-Anstalt. 1915.

173 Vermutlich: A. Hennig: Der europäische Krieg im Lichte der Bibel. Hamburg: Internat. Traktatges. [um 1916]. Im-

merhin gab es von 1914 bis 1917 noch fünf weitere Veröffentlichungen mit der Kombination von Krieg und Bibel im Titel.

174 CV 2, S. 505.

175 Housten Stewart Chamberlain: Neue Kriegsaufsätze. 6. Aufl. München: Bruckmann 1916.

176 CV 2, S. 504 f.

177 CV 2, S. 505 f. Georg Fritz: Die Ostjudenfrage. Zionismus und Grenzschluß. München: Lehmann 1915; bei Klemperer irrtümlich Grenzschutz an Stelle von Grenzschluß.

178 Dr. K. V.: Bibliotheken. In: Berliner Tageblatt 45 (1916) 471, Morgenausg. vom 14.9.1916, S. 2.

179 CV 2, S. 504.

180 CV 2, S. 518.

181 CV 2, S. 525, über das „Auskämmen" von Dienststellen und die Abkommandierung an die Front S. 627.

182 CV 2, S. 658.

183 Kriegsstammrollen, Band: 14039, Bd. 6, lfd. Nr. 1324.

184 Das vermerkte auch die Universität München zu ihrem Privatdozenten Dr. Victor Klemperer, „Unteroffizier beim Buchprüfungsamt Oberost" vgl. Personalstand der Ludwig-Maximilians-Universität München. Winter-Halbjahr 1917/18, S. XVIII.

185 CV 2, S. 533.

186 Briefe, S. 38.

187 Bericht über die Verwaltung der Deutschen Bücherei 6 (1918) S. 6; vgl. auch die Mitteilung für die Buchhändler Bbl 85 (1918) 232 vom 4.10.1918, S. 603.

188 CV 2, S. 662.

189 CV 2, S. 664. Kriegsstammrollen, Band: 14039, lfd. Nr.1324.; Auszug aus dem Landsturm-Militärpass des Gefr. Friedrich Gerischer. DNB L HA Personalakte Gustav Edwin Friedrich Gerischer, Bl. 1. Gerischer war im Oktober 1918 zur Ablegung der Prüfung für den mittleren Dienst nach Leipzig beurlaubt. Die schriftliche Prüfung fand vom 14. bis 16. Oktober, die mündliche Prüfung am 25. Oktober statt.

190 DNB Leipzig HA Personalakte Gustav Edwin Friedrich Gerischer. Bl. 34 r und v.

191 DNB Leipzig HA Personalakte Ton, Max, Bl. 23 r.

192 CV 1. S. 538.

193 CV 2, S. 498.

194 Alle Angaben nach den Erwähnungen der Unterkünfte bei Klemperer und der Überprüfung und Präzisierung der Vermieter im Leipziger Adressbuch 95 (1916) bis 98 (1919). Zu Anna Streller, die bei Klemperer Amanda genannt wird, vgl. S. 624. Der Sohn war Carl (Karl) Streller (1889–1967), der die Akademie der graphischen Künste in Leipzig besucht hatte und Schüler von Alois Kolb war. https://kalliope-verbund.info/de/eac?eac.id=126539472 (abgerufen 16.5.2020).

195 Helge-Heinz Heinker: Leipzig Hauptbahnhof. Eine Zeitreise. Leipzig: Lehmstedt 2005.

196 Als Hauptwerk Messels gilt das Warenhaus Wertheim an der Leipziger Straße (bzw. am Leipziger Platz) in Berlin, das er zwischen 1896 und 1906 in mehreren, unterschiedlich gestalteten Bauabschnitten für die A. Wertheim GmbH ausführte. Vgl. Robert Habel: Alfred Messels Wertheimbauten in Berlin: der Beginn der modernen Architektur in Deutschland. Mit einem Verzeichnis zu Messels Werken. Berlin: Gebr. Mann Verlag 2009.

197 CV 2, S. 492.

198 CV 2, S. 492.

199 Das Leipziger medizinische Viertel. Hrsg. von Martin Weiser. Eingeleitet von Karl Sudhoff. Biographische Beiträge von ... Leipzig: Lorentz 1914; Das Leipziger medizinische Viertel. Hrsg. von Martin Weiser. Eingel. von Karl Sudhoff. Biograph. Beitr. von Prof. Dr. Bessau [u. a.]. Zur Jahrhunderttagung d. deutschen Naturforscher u. Ärzte verm. u. erg. Aufl. Leipzig: A. Lorentz 1922. Zunächst hatten Weiser und Sudhoff vom Klinischen Viertel gesprochen: Martin Weiser: Aus dem Leipziger Klinischen Viertel: eine Reihe photographischer Bilder. Mit einem Geleitwort von Professor Sudhoff. Leipzig, 1907.

200 CV 2, S. 492–493.

201 CV 2, S. 494–495.

202 CV 2, S. 495.

203 CV 2, S. 495. Zu den Kriegsmessen vgl. Markus Kaufhold: Die Leipziger Messe während des Ersten Weltkrieges. Messepolitik zwischen Krise, Aufschwung und Verwal-

tungsreform. In: Stadt und Krieg: Leipzig in militärischen Konflikten vom Mittelalter bis ins 20. Jahrhundert. Hrsg. von Ulrich von Hehl. Leipzig: Universitätsverlag 2014, S. 297–315.

204 Leipziger Adressbuch 96 (1917) T. 1, S. 27.

205 CV 2, S. 548 f.

206 Leipziger Adressbuch 96 (1917) T. 1, S. 1040, T. 2, S. 403 und T IV, S. 24.

207 CV 2, S. 495.

208 CV 2, S. 493.

209 CV 2, S. 493 f.

210 CV 2, S. 540.

211 CV 2, S. 495.

212 Vgl. Leipziger Adressbuch 97 (1918) 2, S. 370. Das Gebäude lag am Durchgang vom Thomas- bzw. Dittrichring zur Otto-Schill-Straße und Zentralstraße. Der Gastwirt Richard Keil wohnte in der 1. Etage.

213 Vgl. Heinz Peter Brogiato: Leipzig um 1900. Bd. 1. Die Innenstadt in kolorierten Ansichtskarten aus dem Archiv des Leibniz-Instituts für Länderkunde Leipzig e.V. Leipzig: Lehmstedt 2009, S. 100.

214 CV 2, S. 588 f.

215 Victor Klemperer: Man möchte immer weinen und lachen in einem. Revolutionstagebuch 1919. Berlin: Aufbau 2015 (Im Folgenden abgekürzt zitiert als RT), S. 26; 55.

216 RT, S. 62.

217 CV 2, S. 641 f.

218 Dr. K.: Bibliotheken. In: Berliner Tageblatt 45 (1916) 471 Morgenausg. vom 14.9.1916, S. 2.

219 CV 2. 491.

220 LS 2, S. 526.

221 CV 2, S. 537.

222 CV 2, S. 512.

223 CV 2, S. 513.

224 CV 2, S. 568–574.

225 CV 2, S. 571.

226 CV 2, S. 574 f. Bei Klemperer irrtümlich „Ballenberg".

227 Klemperer hatte sich bereits eher kulturkritisch mit dem Film als neuem Medium befasst vgl. Victor Klemperer: Das

Lichtspiel. In: Velhagen & Klasings Monatshefte 26 (1911/12) 8, S. 613–617.

228 CV 2, S. 577. Im erst kürzlich erschienene Band *Licht und Schatten* sind die Tagebuchnotizen Klemperers zum Tonfilm aus den Jahren 1929–1945 ediert worden. Die Filmographie umfasst mehr als 750 Filme, die Klemperer zwischen 1919 und 1932 sah; vgl. https://www.degruyter.com/document/doi/10.1515/klemp/html (abgerufen 24.2.2021). Nicht betrachtet sind also die Stummfilme wie auch die im Curriculum erwähnten Kinobesuche.

229 Leipziger Adressbuch 97 (1918) 2, S. 122 und 3, S. 66; Deutsche Nationalbibliothek, Hausarchiv: Personalakte Oehlmann, geb. Fischer, Gertrud Paula Frieda. Carl Oehlmann führte die Kunsthandlung Carl B. Lorck nach dem Tode des Vaters Carl Julius Oehlmann nicht fort, sondern war angestellter Geschäftsführer der Berliner Firma. Seinen Beruf gab er im Leipziger Adressbuch mit Kaufmann an. Leipziger Adressbuch 96 (1917) I, S. 658 bzw. III, S. 68.

230 TB 1945, S. 166 f.; 184 f.

231 CV 2, S. 589. Bei Klemperer überwiegend Trude Öhlmann, im Personenregister der Veröffentlichung nicht angemerkt.

232 Klemperer verwechselte Rudolf (auch Rudolph) Saudek durchgängig mit dessen Vetter, dem Schriftsteller und Graphologen Robert Saudek, so auch unkorrigiert im Register zum CV 2, S. 744. Bei Klemperer Schmidt-Nieczoil, im Curriculum-Register verstümmelt zu Schmidt-Niecziel, vgl. CV 2, S. 589 bzw. 745.

233 Die Büste Arthur Schopenhauers im Jahre 1914 ist als Stiftung des Verlages F. A. Brockhaus für die 1912 gegründete Deutsche Bücherei entstanden. Vgl. Arthur Meiner: Schopenhauer-Bildnisse. Eine Ikonographie. Frankfurt a. M.: Kramer 1968, S. 157 (FN 101).

234 Stiftungen für die Deutsche Bücherei. Verzeichnis d. Stiftungen f. d. Haus d. Deutschen Bücherei. Leipzig: Poeschel & Trepte (Druck) [1916], S. 6; Rudolf Saudek: Wie meine Schopenhauer-Büste entstand. In: Jahrbuch der Schopenhauer-Gesellschaft 22 (1935), S. 325 f.

235 CV 2, S. 550 f.

236 CV 2, S. 567; 580; Leipziger Adressbuch 96 (1917) T. 1, S. 1067; Saudek S. 784, dessen Wohnung befand sich in der Grassistraße 26.

237 TB 1933–1945 1, S. 302.

238 Katerina Vatsella: Arnold Schmidt-Niechciol. Monographie und Katalog der heute bekannten Werke. Hrsg. Schnoor-Verein Heini Holtenbeen. Hauschild, Bremen 1990; Katerina Vatsella: Arnold Schmidt-Niechciol. 1893–1960. Werke aus dem Nachlass. Ergänzendes Verzeichnis der Zeichnungen und Gemälde zur Monographie. Hauschild, Bremen 1993; Gedächtnisausstellung für drei Bremer Maler: Gustav Adolf Schreiber, Arnold Schmidt-Niechciol, Carl Jörres. Ausstellung Kunsthalle Bremen, 3. Juni bis 1. Juli 1962. Ausstellungskatalog. Kataloggestaltung: Julius Kraft. Fotos: Hermann Stickelmann. Kunsthalle, Bremen 1962.

239 CV 2, S. 582 f.

240 CV 2, S. 555 f.

241 CV 2, S. 559.

242 CV 2, S 631 f.

243 Ernst Zunker: Luther, Arthur. In: Neue deutsche Biographie. Bd.: 15, Locherer–Maltza(h)n. Berlin 1987, S. 540–541.

244 CV 2, S. 589–590.

245 Leipziger Adressbuch 97 (1918) 1, S. 278: Dr. Paul Harms, Schriftleit.[er] d[er] Leipz.[iger] Neuest.[en] Nachrichten, Grassistr. 9. CV 2, S.; Revolutionstagebuch S. 93 für Januar 1919.

246 Patrick Ostermann: Vom Freund- zum Feindbild in Zeiten des Krieges. Über den Wandel in Victor Klemperers Italienperzeption. In Leviathan 31 (2003) 2, hier S. 233.

247 CV 2, S. 558. Klemperer hat sicher Teilnehmer eines Streiks von ca. 2.500 Arbeitern aus metallverarbeitenden Betrieben am 15. August 1917 in Leipzig beobachtet, vgl. Karsten Rudolph: Die sächsische Sozialdemokratie vom Kaiserreich zur Republik (1871–1923). Weimar, Köln, Wien: Böhlau 1995, hier S. 147; Kurt Schneider: Der politisch-ideologische Differenzierungsprozeß in der Leipziger Arbeiterbewegung während des ersten Weltkrieges. Leipzig Phil. Diss. 1964, S. 236–238.

248 Zur Edgar-Herfurth-Stiftung und ihrem Auftrag, die Ausbildung von Journalisten zu fördern vgl. Arnulf Kutsch: Professionalisierung durch akademische Ausbildung: Zu Karl Büchers Konzeption für eine akademische Journalistenausbildung. In: Die Entdeckung der Kommunikationswissenschaft. 100 Jahre kommunikationswissenschaftliche Fachtradition in Leipzig. Von der Zeitungskunde zur Kommunikations- und Medienwissenschaft. Hrsg. von Erik Koenen. Köln: Herbert von Halem Verlag [2016], S. 90 ff.

249 Klemperer verkürzte den Titel auf *Die Auserwählten*. Der Fortsetzungsdruck trug den Untertitel *Roman aus der Gegenwart*. 1925 erschien *Unter den Auserwählten* bei Quelle & Meyer, nunmehr als Erzählung bezeichnet mit neuem Untertitel. Harms merkte im Nachwort an, es habe keinen Grund gesehen, am Text mehr „als nebensächliche Kleinigkeiten" zu ändern, vgl. Paul Harms: Unter den Auserwählten. Eine Erzählung von Parlamentariern und Journalisten aus der Kaiserzeit. Leipzig: Quelle & Meyer 1925, S. 362.

250 LTI, S. 302.

251 TB 1945, S. 139.

252 Dr. K.: Bibliotheken. In: Berliner Tageblatt 45 (1916) 471 Morgenausg. vom 14.9.1916, S. 2.

253 https://epub.ub.uni-muenchen.de/1151/1/vvz_lmu_1919_sose.pdf (abgerufen 23.2.2021).

254 Briefe, S. 39.

255 Das Königliche Konservatorium der Musik zu Leipzig 1893-1918. Leipzig: Königliches Konservatorium der Musik [1918], S. V; Hermann J. Busch: Organisten an St. Nikolai. In: Die Nikolaikirche zu Leipzig und ihre Orgel. Hrsg. von Hermann J. Busch im Auftr. der Gemeinde St. Nikolai-St. Johannis zu Leipzig. Evangelische Verlagsanstalt 2004, S. 29–36, hier S. 34. Bei Klemperer irrtümlich „Heymen", im Personenregister nicht korrigiert, vgl. S. 736.

256 CV 2, S. 581.

257 CV 2, S. 582.

258 Vgl. CV 2, S. 583.

259 LS, 1, S. 8.

260 LS 1, S. 5.

261 LS, 1, S. 9.

262 Der vierte und letzte Abschnitt des dritten Kapitels war überschrieben „Die Genter Angelegenheit und das Kriegsende". CV 2, S. 633–712.

263 CV 2, S. 633. Klemperer bedankte sich am 25. Juli bei Vossler für dessen Vermittlung. Briefe, S. 39–41.

264 CV 2, S. 633 f.

265 CV 2, S. 638.

266 CV 2, S. 665. Kriegsstammrollen, Band: 14039. Kriegsstammrolle: Bd. 6, lfd. Nr.1324.

267 CV 2, S. 704–706.

268 Arnold Zweig: Wirken und Weiterwirken. In: Neue Deutsche Literatur 8 (1960) 4, S. 3–4; auch abgedr. in Victor Klemperer zum Gedenken. Von seinen Freunden und ihm selbst. Zusammengest. von Fritz Zschech. Rudolstadt: Greifenverlag 1961, S. 54–56.

269 CV 2, S. 711. Von einem „gefälschten Dienststempel" spricht der Herausgeber Walter Nowojski vgl. LS, 2 Nachwort, S. 775.

270 LS 1, S. 5.

271 CV 2, S. 708.

272 Kriegsstammrollen, Band: 14039. Bd. 6, lfd. Nr. 1324.

273 Vorlesungsverzeichnis. Kriegsnothalbjahr 15. Januar–15. April 1915, S. 16. https://epub.ub.uni-muenchen.de/1150/-1/vvz_lmu_1919_1.pdf (abgerufen 9.4.2020).

274 LS, 1, S. 203. Das Schreiben aus Dresden traf ein „... am Unheil bringenden 13." So verband sich für Klemperer die Berufung mit dem 13. Dezember, vgl LS, 1, S. 210.

275 Unter „Nichtetatmässige ausserordentliche Professoren" der Philosophischen Fakultät, vgl. Personalstand der Ludwig-Maximilians-Universität München. Winter-Halbjahr 1919/20, S. 13. Das Verzeichnis war am 25. Januar 1920 abgeschlossen.

276 Die Ernennungsurkunde ist abgebildet bei Michael Nerlich: Victor Klemperer Romanist, oder warum soll nicht einmal ein Wunder geschehen. In: Lendemains. Etudes comparées sur la France 82/83 (1996), S. 5.

277 LS, 1, S. 203, 216. Personalverzeichnis der Sächs. Technischen Hochschule für das Wintersemester 1920/21, S. 10, 20, 35.

278 Victor Klemperer: Gang und Wesen der französischen Literatur. In: Victor Klemperer: Romanische Sonderart. Geistesgeschichtliche Studien. München: Max Hueber 1926, S. 1–21.

279 CV 2, S. 333 f.

280 LS, 2, Nachwort, S. 775.

281 Fritz Rudolf Fries: Lesarten zu Klemperer. Berlin: Aufbau-Verlag 1995, S. 15.

282 Linda von Keyserlingk: Victor und Eva Klemperer in Dresden. Von 1933 bis 1945. In: Schuhe von Toten. Dresden und die Shoa. Hrsg. von Gorch Pieken und Matthias Rogg. Dresden: Sandstein 2014, S. 130–145.

283 Eine detaillierte Untersuchung der Beziehungen zwischen dem Autor Klemperer und dem Verlag B. G. Teubner wird sicher noch manches aufschlussreiche Licht auf Klemperers Wissenschafts- und Publikationsverständnis zutage fördern, muss aber hier ausgespart bleiben.

284 Victor Klemperer: Ich will Zeugnis ablegen bis zum letzten. Tagebücher 1933–1945. Hrsg. von Walter Nowojski unter Mitarb. von Hadwig Klemperer. Überarb. Neuausg. Berlin: Aufbau Verlag 2015, B. 1, S. 333. Im Folgenden zitiert als TB 1933-1945 1 bzw. 2.

285 Victor Klemperer: So sitze ich denn zwischen allen Stühlen. Die Tagebücher 1945–1959. Hrsg. von Walter Nowojski. Bd. 1 Berlin: Aufbau-Verlag 1996, S. 276. Im Folgenden abgekürzt zitiert als TB 1945–1959 1.

286 TB 1945–1959 1, S. 622.

287 Vgl. Geschichte der Technischen Universität Dresden in Dokumenten, Bildern und Erinnerungen. Bd. 3: Zur Wissenschaft in Dresden nach 1945. Dresden TU Dresden 1996.

288 Eine Berufung nach Leipzig war 1932 schon einmal gescheitert, vgl. Gerald Wiemers: Victor Klemperer und die Wiederbesetzung des Lehrstuhls für Romanische Philologie an der Universität Leipzig 1932. In: Leipzig, Mitteldeutschland und Europa. Festgabe für Manfred Straube und Manfred Unger zum 70. Geburtstag. Im Auftr. des Leipziger Geschichtsvereins hrsg. von Hartmut Zwahr ... Beucha: Sax-Verlag 2000, S. 219–222.

289 Vgl. Rita Schober: Erinnerungen an Victor Klemperers Wirken nach 1945. In: Lendemains. Etudes comparées sur

la France 82/83 (1996), S. 164; Victor Klemperer: Und so ist alles schwankend. Tagebücher Juni bis Dezember 1945. Hrsg. von Günter Jäckel. Unter Mitarb. von Hadwig Klemperer. Berlin: Aufbau-Taschenbuchverlag 1996 (Im Folgenden abgekürzt zitiert als TB 1945, S. 23 f. Gesprächspartner am 21.6.1945 war Will Grohmann. Der Kunsthistoriker war zu dieser Zeit Stadtrat für Kultur in Dresden.

290   TB 1945–1959, 1 1945–1950. Berlin: Aufbau 1999, S. 236, 257. Unter dem 30. Juni 1946 notierte Klemperer über sein Gespräch mit Hans-Georg Gadamer (1900–2002), seit 21. Januar 1946 Rektor der Universität Leipzig: „Zugleich den Leipzigern gegenüber die Katze aus dem Sack gelassen. ... Aber den eigentlichen Lehrstuhl für Litgesch. geisteswissenschaftlich u. soziologisch erfaßt, muß ich haben ... Wenn ich wirklich nach Leipzig gesetzt werde, gibt es Kampf." S. 261. Zum Widerstand der Universität Leipzig vgl. (alte Sign.:) ZPA IV 2/2.025/6, Bl. 51, zit. nach: Hochschuloffiziere und Wiederaufbau des Hochschulwesens in Deutschland 1945–1949. Die sowjetische Besatzungszone. Hrsg. von Manfred Heinemann. Berlin: Akademie Verlag 2000, S. 273. „Obwohl Professor Klemperer, mir [d. i. Georg Wildeführ, Hygieniker an der TH Dresden. L. P.] und auch dem Professor Dr. Linser ... von den Verwaltungsstellen immer wieder zugesichert wurde, daß wir an die Universität Leipzig kommen würden, ist dies von der Universität Leipzig immer wieder unterbunden worden ...“ Der Lehrstuhl wurde 1947 durch Werner Krauss besetzt. Vgl. Geschichte der Universität Leipzig. Bd. 4: Fakultäten, Institute, Zentrale Einrichtungen, 1. Hlbd. Leipzig: Universitätsverlag 2008, S. 652.